神様のウラ話

保江邦夫

青林堂

いざ、保江ワールドへ！――まえがきに代えて

保江邦夫の名前が世の中で少しずつ知られるようになった頃から、僕の耳にも入ってくるようになったのは

「神様に最も愛されている男」

あるいは

「保江ワールドには神様がいらっしゃる」

などという大変ありがたい評判です。その理由はといえば、僕の身のまわりにこれでもかというほど奇想天外な神秘的出来事が起き続けているからなのですが、僕自身いったい何故そんなことになっているのかまったくわかってはいません。もしわずかでも、どうしたら神様に愛され、神様から手を差しのべてもらえるのか理解できているのであれば、僕はそれを包み隠すことなくできるだけ多くの皆さんにお伝えしたいと思うのですが、残念ながら本当に何も理解できていないのです。

しかし、僕一人には無理であっても多くの皆さんの中には、それに気づいてくれる方がいらっしゃるに違いない！　そう考えた僕は、「神様に愛される」ためには何をしなくてはならないのか、何をどう考えていけばよいのか、あるいは何をしてはいけないのかなどを僕に代わって理解していただけるようになるための材料やきっかけを広く皆さんにお示しすることにしました。それが、インターネットのメールマガジンによって僕の周囲に起きた摩訶不思議な出来事の数々をリアルタイムでありのままにご報告する『ほえマガ』となり、予想を上回る人気を得ることができたのです。２０２０年度に配信された第1巻の内容は『神様ホエさせてください』というタイトルで青林堂から出版され、おかげさまでこれまた大変好評を得ています。

今回、その勢いを駆って同じく青林堂から２０２１年度に配信された第2巻の内容を『神様のウラ話』と題した成書の形でお届けできることになりました。そこでは、「保江ワールド」の中で神様がどのようなときどのような形で実際に手助けしてくださったのかについても、これまで以上に詳しくお伝えしています。最後まで読み進んでいっていただけたならば、きっと「神様に愛される」ために皆さんがどんなことをしていけばよいのか、その解答を見つけることができるのではないでしょうか。

さあ、まさに
「虎穴に入らずんば虎児を得ず」

の言葉どおり、

「保江ワールドに入らずんば神様の庇護を得ず」

です。人生の至宝を探しに、いざ、保江ワールドに突入！

目次

第3章　神様からの贈り物 115

第1章

これからの日本人

横浜で運命の一着と出会った

ご存知のとおり、2019年12月9日、中国・武漢で新型コロナウィルスによる初めての死者が出た。その翌年には最新豪華客船ダイヤモンド・プリンセス号が那覇港に入港するタイミングで新型コロナウィルスの船内感染が判明し、同時期に武漢からの帰国者の中にも感染者がいることがわかった。

国内がやっと新型コロナウィルスに対する警戒レベルを上げていったその当時、僕は咳や痰などの体調不良が4週間も続いていた。念のため近所の内科クリニックを訪ねると、検査の結果、疲労が原因の肺炎と診断された。それを聞いた瞬間、情けないことに僕はこう叫んでいた。

「先生！　まさか新型コロナウィルスによる肺炎ではないですよね!?」

医師は冷静に、

「熱が出ていませんから、新型コロナどころか、インフルエンザでもありませんね。抗生剤を7日分出しておきますので、今日の昼食後から飲み始めて下さい」

と答えてくれた。処方された抗生剤を毎日服用した1週間後、僕は完全回復を果たしたのだが、これには思わぬ副作用というか、ありがたいおまけが付いてきた。喘息《ぜんそく》の発作がまったく起きなくなったのだ。実は僕は子どもの頃からの喘息持ちで、喉を酷使した後や夜中など、日常的に咳の発作を起こしていた。どんな治療も効果はなく、咳き込むことのない日など一日もなかった。ところが、どうだ。あの抗生剤を飲み終わってからというもの、一度も咳き込まない日がずっと続いてしまっているではないか！


物事が好転する度にどこまでも舞い上がっていく性質の僕は、ちょうどその頃から日本や欧米にまで触手を伸ばしてきた新型コロナウィルスですら今の自分の敵ではないという、まったく根拠のない、しかし絶大なる自信を持ってしまっていた。遂にWHOもパンデミックを宣言し、オリンピック・パラリンピックの開催も延期される事態にまで到達していたというのに……。いや、だからこそ、僕の気分はますます高揚していったのだ。

こうなると、いつもの悪い癖が出てくる。自分がまるでハリウッドのアクション映画やテレビドラマシリーズの主人公であるかのように、それになりきってしまうのだ。以前であれば若くて正義感の強いヒーローに自分を重ねていたが、そのときは『シカゴP.D.』に登場する、ちょいワル親父、どころかかなりの悪徳刑事に入れ込んだ。この男は大都会シカゴの裏街で犯罪者を見逃す代償として金銭を受け取る、いわゆる汚職刑事だ。しかしその一方で、凶悪犯罪に対しては法律の枠を超えた闇の力まで行使して徹底的に闘うのである。

咳が出なくなった喜びに興奮した僕は、そのダークヒーローがいつも着ている、身体にピッチリとフィットする革ジャンが無性に欲しくなってしまったのだ。

それから2週間、僕は革ジャンを求めて様々な街を彷徨《さまよ》った。麻布十番から六本木ヒルズ界隈、広尾、恵比寿、銀座、丸の内……。文字どおり「足を棒にして」探し求めたのだが、なかなか思うとおりの革ジャンには出くわさない。来る日も来る日も空振りを重ね、そろそろ諦めかけた頃のことだった。

その日は、午後2時から横浜は馬車道近くの会場で「宇宙学講座」の講義が予定されていた。時々僕の仕事を手伝ってくれている教え子が同行してくれることになり、気分高揚のためか予定よりも早い午後1時半に関内駅に着いた。そこから会場までは歩いて5分以内、まだ25分余りの余裕がある。最後の悪あがきではないが、横浜関内ならば理想の革ジャンを売っている店があるかもしれないと閃《ひらめ》いた。ところが、駅地下の商店街は女性向けばかりで結局は空振りだった。馬車道沿いを歩き始めたが、目に入る店は飲食店ばかりだ。あと15分、もう無理だと踵《きびす》を返したところ、教え子が反対側の商店の並びの一角を指差した。

「あそこのお店に『オーダーメイド革製品』とありますよ」

見れば入口脇の小さなショーウィンドウには、いわゆるブランド品ではないが小粋なバッグや財布などが飾られていた。

「革ジャンまではないんじゃないの?」

と言いながらも、教え子に背中を押される形で間口の狭い店の中に入っていく。

店内にはコートやライダースジャケット、ベストまでレイアウトされていたが、残念ながら僕が探し求めていた革ジャンは見当たらなかった。しかし、残り時間10分を腕時計で確認しながら店の奥まで入り込むと、レジの横に革製のジャケットが10着ほど吊されたパイプハンガーが目に留まった。同時に、身体が勝手に動いて、真ん中あたりに埋もれていた一着を左手で引っ張り上げた。僕は我が目を疑った。僕の手の中にあったのは、この2週間都心のあらゆる繁華街で物色したにもかかわらず、結局は見つけられないままほとんど諦めかけていたイメージどおりの革ジャンだったのだ。

あまりに軽かったのでひょっとして女性用ではないかと思ったが、教え子に勧められて羽織ってみることにした。着ていたジャケットを脱いでTシャツ一枚になり、革ジャンに恐る恐る袖を通す。直後、まったく予期していなかった感動が湧き上がってきた。

前を開けたまま着たときはもちろん、ジッパーを首のところまで上げきった状態ですらまったく身体を締め付ける感覚がない。革の柔らかさと軽さのなせる業なのか。だぶついているわけでもなく、まるで宇宙人の服のようだ。しかも、腕を上下左右前後に大きく動かしてみても、肩や脇だけでなく、肘も胸回りも何ら引っかかることなく、極めて滑らかに動く。僕の癖、胸の前で両腕を組んでも、両袖、両肩はもちろん、背中にもツッパリ感は皆無だった。不自然なシワも寄らず、シルエット的には僕の身体の表面に常に革がピッタリと張り付いている。まさに完璧にフィットする、僕がこの2週間思い続けていた革ジャンに、遂に巡り合えたのだ。もう、これは奇跡と呼ぶしかない！

喜び勇んだ僕は、少し離れたところから僕たちを見ていた若い男性店員に満面の笑みを向けた。

「これ、もらいます。このまま着ていくので包まなくてかまいません。お幾らですか？」

しかしどうしたことか、若い男性店員は困惑顔を隠さない。

「すみません、それは売り物ではなくて……。そこのハンガーに吊してあるのは、すべてオーダーメイドの見本なんです……」

それを聞いた僕は反射的に腕時計を見ながら言葉を続けた。

「いや、別に新品でなくてもかまいません。5分後にはこの近くで講演があって急いでいるんです。このままこのピッタリの革ジャンを着ていきたいので、このサンプルを売って下さい」

だが向こうは、見本を売るわけにはいかないの一点張り。もうタイムリミットだと判断した僕は、講演後にまた訪ねると伝え店を出た。そして2時間後、講座主催者の美人校長先生と教え子の2人を引き連れて、再びあの革製品の店へと急いだのだった。

経済復興のカギは「愛」！

店のドアを今度は勢いよく開いた僕は、あの男性店員の「いらっしゃいませ」も待たず、

「さっきのサンプルと同じ素材で同じサイズの革ジャンを作ってもらいたいんだけど……」

と口火を切る。店員があの革ジャン見本を取り出してくれていると、小柄な中年の

女性が奥から現れた。

「先ほどは大変失礼をいたしました。ちょうど私が奥で雑誌のインタビューを受けていたもので、不慣れな者に対応をさせましまして……。粗相はありませんでしたでしょうか？」

と深々と頭を下げられるのでこちらも恐縮してしまう。

「いえいえ、見本をすぐに売ってほしいなんて強引なことを言ったにもかかわらず、穏やかにきちんと説明してくれたおかげで、僕もすぐ納得できました」

店の責任者とおぼしきその女性は言葉を続けた。

「こちらの見本とそっくり同じ革のジャケットをご希望と伺いました。今一度お召しいただいて採寸させていただけますか」

再び袖を通してみても、やはりこの革ジャンは僕の身体に見事にフィットし、まるでまったく重さのない羽衣を纏《まと》った感覚に陥る。そんな僕の立ち姿を、前後左右の位置を変えながらかなりの時間食い入るように見ていた女性だったが、最後に軽く腕を組んで頷いた。

「これはどう見ても、完全なシルエットですね。見本のサイズのまま、どこも修正の必要はありません。一応念のため採寸はさせていただきますが、おそらく見本のデータと完全に一致するでしょう」

女性は慣れた手つきで手際よく採寸してくれ、サンプルを着ている僕の姿をスマホで撮影した。さらに店の奥から10枚ほどのなめし革の見本を持ってきて、色合いと手触りを試させてくれる。しかしながら、やはりどの他の革よりもあのサンプルの革ジャンに使われていた革が一番馴染んだため、材質も色も結局サンプルどおりになった。

そうこうしている間にも常連客らしき人たちが何人も入れ替わり立ち替わり店に入ってきては、この女性に挨拶《あいさつ》して笑顔で出ていく。店に用事があるのではなく、通りがかったついでに、といった様子なのだが、やり取りの軽やかさと爽やかさが店の中に心地よい余韻を残していく。この女性と常連客の間には単なる店員と客という関係を超えた人間的なつながりがあるようだ。そんなことを考えていると、その女性店員は奥から運んできた大きな台帳を抱え、一緒に店の外に出るように促した。

見本とはいえ、お気に入りの革ジャンを着込んで外に出るのはとても晴れがましい気分だ。もう夕刻というのにまだまだ明るい春先の晴れた馬車道の歩道、そこに立った僕の気分は、まさに『シカゴＰ．Ｄ．』の主人公だった。そんな僕に、女性は台帳を開いて裏地の生地を選ばせてくれた。

「この黒色の革ですと、こちらの色が映えるのではないでしょうか？」

なるほど、自然光の下で裏地の本当の色を見ながら決めさせてくれるということか。にわかダークヒーローは、１００種類以上はあろうかという様々な色や柄の裏地見本の中に、ふと自分好みの色が光っているのを発見した。それを指差しながら、ますます主人公気分で答える。

「この明るい薄紫にします。この色は僕のオーラと同じと霊能力者の方に言われたんですよ」

このとき、教え子と美人校長先生は「オーラなんて言い出して変な人に思われないだろうか？」と心配していたらしい。しかし店員の女性の方は、

「なるほど、裏地をご自分のオーラの色になさるというのもいいですね。では、こ

の薄紫色の生地でいきましょう。次にジッパーの種類を……」

という具合に動じない。

だが、店内に戻りながら僕がふと漏らした、

「実は、あの明るい薄紫色の平安装束を持っているので、革ジャンの裏地も同じにできて嬉しいです」

という言葉には、さすがに大きく反応してくれた。

「え!? へ、へ、平安装束までお持ちなのですか!! いったいどんなお仕事を……」

目を丸くして驚くその姿は客商売にありがちな作為的なものではなく、僕は嬉しくなって、

「いやー、実は理論物理学者で……」

と白状しながら名刺を差し上げた。女性はそれをじっと見つめ、真剣な表情で丁寧に、心からの挨拶をして下さった。

「申し遅れました。私はこの店の店主でございます。本日はご来店いただき大変光栄に存じます」

その感じの良さに促されて、普段初対面の人に打ち解けることのない僕は滔々《とうとう》と語り始めた。憧れの革ジャンを求めて彷徨ったこの2週間、今この瞬間に至るまでの物語を！

僕の一人舞台に最後まで真摯《しんし》におつき合い下さった女性店主は、僕の物語を受ける形で彼女自身の体験に基づいたキラリと光る真実について教えて下さった。それは、ちょうどこの見本の革ジャンのように、職人が心を込めて作り上げた製品はそれを持つ人を自ら選ぶのだということ。

彼女が店に置いている革製品はすべて彼女自身が認めている数人の革職人たちによって丁寧に作られたものばかりだ。品質に見合った価格だから、売れないからといって値下げしては職人たちが食べていけなくなってしまう。そのお考えで、売れなくても定価のまま何年も店内に飾っておくそうなのだが、そんな革製品もいつかふと店に入ってきたお客さんに気に入られて、ちゃんと買われていくというのだ。

あるときなど、チラッと店内を見やって一度は通り過ぎた男性が、戻ってきてドアを開け、ある革の財布を手に取り、迷わず買っていったという。店主が言うには、心を込めて職人が作り上げたその財布は、長い時間をかけて自分を使ってくれるに相応しい人間との出会いを待つだけでなく、その運命の人が店に入ってくるように不思議な力で引っ張っているのだとか。

この話を聞いた僕の頭に、不意に浮かんできた文字があった。それは「愛」という漢字だ。古伝では、「愛」という漢字は象形文字であり、冠の上にあるのは「手」を表し冠の部分は「船」を表す。また、下にある「夂」も「又」と同じく「手」を表す。船は人間が作り上げる物の中で最高水準の技術の集大成を意味し、その船を作った人の「手」からその船を使う人の「手」に渡るのが「受」という漢字、つまり「受ける」ということになる。そして、その船を作る人が「心」を込めて「船」を自らの「手」で作って使う人の「手」に渡すのが「愛」という漢字、というわけだ。

ということは、このお店に並ぶ革製品のどれもが、作った職人さんたちの心が込められているわけだから、それを使う人は単に物を受け取っているのではなく、愛を交わしていることになる。そう、僕はこの店の中にあった見本の革ジャンという、やはり心を込めて作られた製品に「愛」という力で引きつけられてしまったに違いない！

神様は、人間だけでなく、きっと物にも魂を入れ込んで下さったのだ。

世界中の経済活動を根底からひっくり返してしまった新型コロナウィルスの蔓延が終息した後の世界において、我々日本人が日本の土地で再び立ち上がっていくときに忘れてはならない重大な指針がこの女性店主の話に含まれている。

混乱した世界経済の中で、日本の中小企業が数多く姿を消していってしまっている。それでも何とか持ちこたえて今後の日本再生の原動力になってくれる企業は、低コスト・低品質の類似品の製造販売などにはまったく同調せず、独自の技術や職人が心を込めて作り上げる熱意によって実現される高品質な製品を相応の対価で販売してきたところのみとなる。そんな「愛」の製品作りこそ、新型コロナウィルス蔓延により経済活動の基盤を失ってしまった日本人が、今後の世界復興の中で大きな寄与を果たすことができる唯一の方向性だと考えるのは、僕だけではないはずだ。

東ティモールの人々に学ぶ「やえ（彌榮）ちゃん運動」

歌え！　ティモール

広田奈津子さんという女性をご存知だろうか？　ずばり、映画監督だ。

といっても、制作したのはまだドキュメンタリー映画１本のみ。上映時間１０８分の処女作『カンタ！　ティモール』（２０１２年、日本）がそれだ。この作品は商業映画館では公開されず、有志の方々が小規模な会場を使って自主上映を繰り返しているだけだから、ほとんど知られていないのが実状である。その理由はといえば、この映画を制作したのが素人の女子大生だったということが大きいのではないだろうか。それに加えて、映画のタイトルにある「ティモール」という島の名前の知名度が日本では低いということもあるだろう。

まずは映画が作られることになった経緯について簡単にご紹介しよう。名古屋市郊外で育った広田奈津子さんは、神謀《かむはか》りで見つけた『父は空 母は大地』（パロル舎）という絵本で、アメリカ大陸先住民が森の自然と共生していることを知り、それに感動して高校卒業後にカナダを訪れた。そこで先住民の儀式「パウアウ」に参加したとき、こう勧められたのだそうだ。

「日本も含め、太平洋をグルッと囲むようにして、森を殺さない人たちが今も生きているから、会いにいくといい」

その言葉に導かれるまま、ポリネシアから東南アジア、日本各地を旅しているうちに、「東ティモール」という国が新しく生まれると聞いてなぜか強い興味が湧いてきたとのこと。

その頃には名古屋市内にあるカトリック系の南山大学でスペイン語を学ぶ女子大生になっていた広田さんが調べてみると、東ティモールの独立にあたっては、ティモール島の東部で大埋蔵量の油田が見つかったことから、様々な憶測が飛び交っていることがわかった。石油の利権に目をつけた欧米の白人至上主義者たちがインドネシアから油田を取り上げるために東ティモールを独立させただけだとか、東ティモールの人たちは単に踊らされただけだとか、冷めた見方しかしない左脳人間による陰謀説までもが散見された……。

これに関与した日本人もいたということで、日本人の一人としてとても申し訳ない気持ちになった広田さんは、ちょうど当時２００２年に東ティモールで行われる予定になっていた独立祝賀式典に参加した。そして、会場の片隅でたくさんの子どもたちに囲まれてギターを弾きながら歌っていた現地の青年に出くわした。その歌はまるで日本の童歌のように優しく穏やかなメロディーで、広田さんの心に残り続けたのだという。

その後も何度か、東ティモールに足を運ぶうちにわかった歌詞の意味は、次のようなものだった。

♪ねえ みんな　♪ねえ 大人たち
♪僕らのあやまちを 大地は見ているよ
♪小さな者たちを 言葉が惑わす
♪大きな者を追って 踏み外しちゃいけない

♪足は大地についている
♪もう指導者はいらない

何度も耳にしているうちに、広田さんの心の奥に、小さな、しかしとても大事な疑問が生まれてくる。それは、隣接する大国インドネシアからの20年以上に及ぶ軍事侵略で虐待され続けた小国東ティモールの人たちが、「僕らのあやまち」と歌っていたことについてだった。

「あやまちを犯しているのはインドネシア側ではないのか？　なぜ被害者側の東ティモールの人々が〝僕らのあやまち〟と歌うのか？」

東ティモールの人々は圧倒的な軍事力によって長年占領され、インドネシア軍兵士たちによる残虐行為によって20万人以上もの家族や仲間を殺されているのだ。にもかかわらず、このことを「僕らのあやまち」と歌う。その背後には何か深い理由が潜んでいるに違いない。そう考えた広田さんは、その理由を探し求めていくうちに東ティモールの人たちの生き様の中に今なお色濃く残っている、我々現代の日本人が遠い昔に忘れてしまった縄文人の魂と同じ魂のかけらを見つけたのだった。

人と争わず、人を傷つけることもせず、1万2000年以上もの長きにわたって日本列島で調和に満ちた平和な文化を育んでいた縄文人と同じく、東ティモールの人たちもまた今から1万2000年前に南太平洋に沈んだレムリア大陸から逃げ出した生き残りだったに違いない。

縄文人たちは、大陸から渡来した弥生人たちの侵略に抵抗することなく、争いを避けて列島の北と南に逃げ続けていった。そして東ティモールの人たちもまた、インドネシア軍による侵略行為に対して武力で対峙するのではなく、個々の兵士たちに自分たちの考えを話して聞かせるという、人道的手段のみで20年以上も抵抗運動を続けてきたのだった。

そうしていくうちに、次第にインドネシア軍の兵士たちの中にまでもレムリア由来の愛と調和の心が芽生えていき、ついに東ティモールはインドネシアからの独立を勝ち取ったのだ。世界中の誰もが想像だにできなかった奇跡を、現代に縄文人の心、レムリアの心を受け継いでいた東ティモールの人たちだからこそ引き起こすことができたのである。

まさに時空を超えた愛と調和を宿す東ティモールの人たちの生活は、山や森、そして海と共生し、大自然の中に融け込んでいるかのように美しいものだった。このことを日本だけでなく世界中に知ってほしいと考えた広田さんは、その後3ケ月間も現地に滞在し、日本から持ち込んだ借り物のビデオカメラを使ってタダでもらった破棄寸前のビデオテープ３００本に撮り続けた。

もちろん、生まれて初めてのビデオ撮影であり、後日帰国してから３００本ものテープを編集する作業もまったくの初心者。それでも、彼女の熱い想いが天に届いたのだろう、現地でもらえた貴重な記録映像までも含めて、渾身のドキュメンタリー映画が完成したのだった。

使用した記録映像の中には思わず目を覆うような残忍な場面も少なくないが、それでもなお観る者の心が荒《すさ》んでいかないのは、全編を通して流れるどこまでも優しく穏やかなアレックスの歌声が、東ティモールの人たちの魂を貫く愛と調和を感じさせるからだ。

この広田奈津子さんの監督映画『カンタ！ ティモール』を、是非とも皆さんにご覧になってほしいと思う。

理想の世界を東ティモールに学ぶ

しかし、ここでこのお話をしたのは、何も映画の宣伝をすることだけが目的ではない。広田さんのお話を聞きながら僕が目をつけていたのは、実は現代の東ティモールの人たちの文化的背景にある、次のような驚くべき事実なのだ。

それは、東ティモールの人たちの言語（ファタルク語）には、自分と他者の区別がないということだ。「あなた」と「私たち」が同じ単語「イタ」になっているし、「あなたのもの」は「イタニアン」で「私たちのもの」も意味している。つまり、「あなた」と「私」あるいは「私たち」の区別が最初からないのである。家族や友人の区別もなくて、村の中の女性は全員が「妹」か「姉」で男性は全員が「弟」か「兄」。親戚の中の伯父や叔母などという言葉もなくて、「父」や「母」になる。血がつながっていない子どもも一緒に住んでいるので、村の子どもたちは皆兄弟になっている。だから、いわゆる「孤児」などは生まれようがない。

おまけに「敵」という単語もなくて、インドネシアの兵隊を言い表すときは「今は違う方向を向いている誰か」としか言い表せない仕組みになっている。

視野の狭い言語学者たちはこれを、左脳の言語野が他の地球上の民族に比べて未発達で、単純な言語体系しか使えないからだと決めつけるかもしれない。確かに一人称単数も複数も、二人称単数も複数も、そして三人称単数も複数もすべて同一の表現しかないというのは、現代人からすると異様なものではある。

しかし、我々日本人の祖先である縄文人も東ティモールの人たちと共通の文化的背景を持っていたとするならば、我々もまた本来は左脳の言語野を未発達のままにしておく生き方を続けるべきだったのかもしれない。自然を壊さず、互いに争うこともなく、ましてや傷つけ合ったり殺し合ったりすることなど絶対にない平和と調和に満ちた年月を1万2000年も維持できた縄文人たちも、きっと今の東ティモールの人たちのように人称の区別のない、そして「敵」という言葉のない言語を用いていた右脳人間だったに違いない。

そこに生み出されていた世界は、大自然の中に見事に融け込み自他融合の境地に達した人々が集う桃源郷、あるいはエデンの園。そう、それこそが、新型コロナウィルスによる世界規模のパンデミックで荒廃した人心と暮らしを立て直すときに目指さなくてはならない、新しき人類の目標なのだ！

映画『カンタ！　ティモール』にまつわる広田奈津子監督の物語を初めて聞いたとき、僕の脳裏をかすめたのはまさにその可能性だった。

「やえ（彌榮）ちゃん運動」が世界に愛をもたらす！

では、どうやれば新型コロナウィルス対策と称する隔離政策でズタズタにされてしまった今の世の中を、平和と調和に満ちた縄文社会のように復興させていくことができるのだろうか？　東ティモールの人たちの生き様がお手本になるといっても、現代の文明社会に慣れてしまった日本人に今さら電気や水道のない生活に戻ることを強いるのは、端《はな》から無理な相談だろう。

しかし、楽で快適な生き方を知ってしまった現代人でも、すぐに受け入れることができて簡単に実行できる、しかもそれを近未来に至るまで苦もなく続けていくことができる、そんな魔法のようなやり方がある。これによって、新型コロナウィルスのために荒れ果てた今の世界の至るところに「縄文ゲート」を開くことができ、誰もがすぐに縄文人の魂を取り戻して世界復興のための「愛の戦士」に変身することができるはずだ。

その簡単極まりない変身ツールとは、日本語における一人称単数の「私」と複数の「私たち」、二人称単数の「あなた」と複数の「あなたたち」、そして三人称単数の「彼」や「彼女」と複数の「彼ら」「彼女たち」のすべてを同一の単語「やえ（彌榮）」に統一するというものだ！

例えば初対面のときの挨拶が、

「こんにちは、やえは保江邦夫と申します。やえがやえに電話を下さった銀河商事の社長さんですね？」

「はい、やえが銀河商事を預からせていただいておりますCEOの天川星彦でございます。よろしくお願いいいたします」

などとなるだけだから、まず混乱を招くほどのことにはならないはずだ。

気心の知れた仲間同士なら「やえ（彌榮）ちゃん」「やえ（彌榮）君」と呼び合うのがよいだろう。とにかく人称のすべてを「やえ（彌榮）」としながら日常生活を続けていくうちに、徐々にではあっても人と人との間に立ちはだかっていた自分と他者を分離する固定観念が薄くなっていき、そのうちに東ティモールの人たちと同じように誰もが自他融合した縄文人社会を実現することができるのだ⁉

そんな絶対的確信を得た僕は、いや、やえ（彌榮）は、新型コロナウィルス蔓延パニック終息後の世界復興の中核を担うことのできる愛と調和に満ちた縄文社会を日本に実現するためのこの神様のウラ技を「やえ（彌榮）ちゃん運動」と名付け、これからメールマガジンだけでなく、雑誌や講演会などで大々的にキャンペーンを打ってその輪を広げていきたいと決意した。これに賛同して下さる皆様には、どうか何も難しいことは考えず、ただただご自分のことも他の人たちのことも常に「やえ（彌榮）」

あるいは「やえ（彌榮）ちゃん」と呼んでいってほしい。ただ、それだけでよいのだ。

今の不安定で先の見えない世の中にあって、いわゆる「スピ系」と称される方々の中には、「非2元性」とか「ワンネス」あるいは「ハイアーセルフ」や「サムシンググレート」などという表現を多用し、やれ「目覚め」や「アセンション」に備えなさいなどと人々を導いているつもりになっている向きも見受けられる。

東ティモールでアレックスと子どもたちはこう歌っていた。

♪もう指導者はいらない

これからは、虚言を弄するスピ系の指導者なんて、もう必要とされないのだ。まず日本がお手本になって、世界中の人たちに「やえ（彌榮）ちゃん運動」の輪を広げていくだけで、すべての人類が神様に愛される存在に変身していくことができるのだから。

第2章

神様って、素晴らしい！

神様のお気持ち……龍の時代から鳳凰の時代へ

龍神に引導を渡して新しい時代へ

事の起こりは2020年11月7日の土曜日午後に横浜関内であった講演会でのことだ。この日は僕に質問したいことがあるとのことで、初参加の若い女性がいらっしゃっていた。ところが当日は運悪く質疑応答の時間があまり残っておらず、その女性は他の常連参加者の方に質問の機会を譲る形になってしまったのだとか。しかし、どうしても僕に質問内容を伝えたいと考えたその女性は、毎月横浜での講演会を主催している中医学の学校の美人校長先生宛に「次回12月14日に予定されている講演会の席でこのようなことを質問したいのですがよろしいでしょうか」とメールで問い合わせをなさった。

講演会の翌日、名古屋道場経由で京都に行く新幹線の車内で美人校長先生からその問い合わせメールが転送されてきて、僕は彼女の質問の内容を初めて知った。そこに記されていたキーワードは「北斗七星」。

奇しくも、僕が京都駅に着いてから夜の8時過ぎに向かったのは、御所にある天皇の御寝所の北を護るために造られた「鎮宅霊符神《ちんたくれいふ》」を祀る安倍晴明ゆかりの祠《ほこら》が建立されていた禅寺だった。僕は思わず「北斗七星か……」と独白していた。なぜなら、その禅寺にある小さな御社《おやしろ》には、その昔陰陽師・安倍晴明が天皇の命を受けて北斗七星信仰の神である鎮宅霊符神を降ろした銅像が鎮座しているからだ。これが単なる偶然の一致なのか、あるいはいつものような神様に導かれての不思議な体験への入口になるのかはわからないまま、僕はその禅寺で開かれていた夜会の席に遅ればせながら加わった。

翌朝は京都駅にあるJR系のシティホテルで6時に起床し、7時半までに朝食をすませた。その後は、老舗の装束屋のスタッフさんたちにテキパキと動いていただいて、総勢20名が鮮やかな配色の平安装束に着替えての記念撮影を行った。現代の御公家《おくげ》さんたちが勢揃いした様子は、けだし圧巻だった。

この11月9日は、午前11時にまず平安神宮に平安装束で参拝した後、午後には御室御所、即ち仁和寺の本堂での法要に参列する「平安参賀」の行事に参加することになっていた。

その目的は、平安神宮で祓い浄めていただいた上で、生前譲位後に僧侶となった宇多天皇が開かれた仁和寺の本堂で龍神に引導を渡すための法要を執り行うこと。そして49日後の12月21日に、龍神に完全に昇天してもらうのだ。

多くの霊能力者の方々がかねてより発言していたように、これまで200年以上続いてきた龍神の時代に2020年12月21日をもって終止符が打たれることになっていた。しかし龍神がそう簡単にこの世界から消えてくれるとは限らない。慣れ親しんだこの世界に未練を残すがために、12月22日以降もこの世界に留まろうとするのは龍神も人間霊と同じなのだ。

人間の魂も、死後この世界から離れなくてはならないというときになっても、その事実を受け入れられずにこの世を彷徨《さまよ》うことになる場合が少なくない。それと同じで、神様の化身である龍神にしても、長年親しんできたこの世界を後にしなければならないなど、とうてい受け入れがたいことだ。だからこそ、死んだ人の魂を浄化させるための法要が必要であるのと同様に、龍神に引導を渡して天上界に向けて旅立っていただく必要があるのだ。

その肝心要の法要が執り行われたのは、平安時代に生前譲位し僧侶となった宇多天皇が開いた仁和寺に、御所の紫宸殿を移設して建立した国宝の本堂だ。平安神宮からの移動で乱れた平安装束を寺務所で正し、着付け直しをしてから全員が整然と一列になって本堂に向かって歩き始めたとき、天気予報では完全な晴天のはずだった都大路の青空の一角、仁和寺の本堂の真上だけ、まさに一天にわかにかき曇るの言葉どおりの黒雲が北山と西山の峰から湧き出てきた。

あまりのどす黒さに驚いた僕は、後ろを歩いていた知人に向かって思わず口走っていた。

「見てごらん、龍神の最後のあがきが始まったよ」

広い仁和寺の境内を整然と歩く平安装束の一団が本堂に入るまでは何とか天気ももっていたが、小一時間の法要の間中、北山と西山の頂から湧き出てきたどす黒い雨雲がまさにドンピシャで仁和寺の本堂にのみ激しい大雨を降らせてきた。そして法要が終わるタイミングで見事に雨が上がり、青空から輝かしい日の光が射し込んできたのである。それはまるで、御室御所での法要によって、龍神が断末魔の叫びを上げながらこの世界から消え去っていったことの証であるかのようだった。

もちろん、本当に龍神に引導を渡すことができたか否かについては、僕程度の人間にはわかりようもない。しかしながら、仁和寺でのこの重要な法要を無事に終えたことで、その直後から神様の御褒美であるかのような不思議な体験の機会を得ることができたのは事実だ。

神憑《かみかが》りで知ったのは「神様の気持ち」⁉

その最たるものは、法要からしばらくたったある日に起きてしまった、初めてのトンでも神様体験だった。

東京での伯家《はっけ》神道の御神事の最中でのこと。巫女と柱人《はしらびと》を務める神官のみが目を開き、参入者は目を瞑ったままで祝詞奏上が続いていた結界の中で僕は我が目を疑った。なぜなら、目の前に現れたのは普通ではとうてい考えられないような現象だったからだ。祝詞の調子が狂い始めていたことから、他の柱人や巫女も驚きを隠せないでいたことは明らかだった。

もちろん、僕自身も心底ビックリしていたが、実はそんな不思議な現象が御神事の中で起こり得るということは、その昔に伯家神道の先代の巫女様から聞いていた。そのときのことは、今でもはっきりと憶《おぼ》えている。

暑い夏の日のことだった。毎月の定例御神事の日ではないときに、神社ではなく巫女様のご自宅に呼ばれた僕は、京都の郊外に巫女様をお訪ねした。わざわざお隣の喫茶店からアイスコーヒーを運んで下さった巫女様は、

「あんさんだけには、伝えておかないかしません」

とおっしゃり、御神事の中で生じる可能性があるという特別な現象について教えて下さった。

それは「ひむろぎ」と呼ばれ、伯家神道では結界の中に神様が降りてこられた御印

であるとされるとのこと。しかし物理学者である僕としては、そんな現象は物理法則に照らし合わせれば絶対に不可能であり、起きるはずがないと考えていた。

ところがだ！　それが、今まさに眼前で展開されていたのだから、僕は他の柱人や巫女よりももっと驚愕《きょうがく》してしまっていた。

頼るべき先代の巫女様は既に他界されてしまい、いったい何をどうしてよいのかもわからない僕は、狼狽《うろた》えながらも審神者《さにわ》の役目を果たすべく、その異常な現象が生じていた結界の中に恐る恐る近づいていった。そして、その現象を目で見るだけでなく手で触れることによっても確認しようと両手を伸ばして触った瞬間、それまでずっと祝詞を唱えていた僕の口が、どういうわけか開いたまま閉められなくなり、唸り声しか出せなくなってしまった。おまけに顔がだんだんと上を向いていき、ついには大きく開いた口が真上を向いたまま動かなくなってしまう。しかし僕はそれでも祝詞だけは途切れさせないようにと唸り続けていた。

他の柱人はそんな僕の変化に驚きつつも、とにかく御神事を中断しないようにと必死で祝詞を続けてくれ、巫女に至ってはこの異常な状況を打開しようと持てる呪術のすべてを出して祓おうとしてくれていた。そんな周囲の様子を見守りながらも、いったいこの状態がいつまで続くのか大いに不安になっていた、そのとき。

僕の頭の中の思考が完全に消え去ったかと思うと、目に涙が溜まって天井がぼやけて映るようになったのだ。そして、数分後には口を閉じることができるようになり、それまで唸り声としか言いようのなかった祝詞もやっと他の柱人と同じ発声に戻り、僕は自分の意識を取り戻した。

こうして巫女も柱人も一安心し、どうにか無事に御神事を終わらせることができ、僕もホッとしたその瞬間。口が開いたまま唸り続けていた思考停止状態のときのことがはっきりと思い出された。そう、あのとき自分の思考はなくなってしまっていたが、奥底には明確にひとつの感情だけが漂っていたのだ。

それは、「感謝の気持ち」だった。ただただ感謝あるのみ！　感謝、感謝、感謝……、本当に感謝の気持ちしかない状態だった。

そんな不思議な事実を思い出した直後、一閃の閃きが走り、僕はすべてを理解していた。

そう、何年も前に先代の巫女様から「ひむろぎ」の秘蹟について教えていただいていたとおり、実際に神様が降りてこられている場所に立ってしまったために、まさに神様が僕の身体に重なってしまい、僕のすべてが神様と一体となっていたのだ。そして、そのときの僕の内面にあったのは、ただただ「感謝の気持ち」のみ！

もう、おわかりだろう。この千載一遇の稀にみる不思議体験の結果わかったのは、神様には「感謝の気持ち」があるのみということだ。その他の気持ちはまったくない。本当に「感謝」のみなのだ。これは、この僕が直接体験してわかったことだから間違いない。神様と重なってしまうという、この奇想天外な体験を経なければ、こんな事実は絶対にわかりっこないはずだ。もしかすると、先代の巫女様は僕がこんな体験をすることを予見して、僕だけに秘伝を教えて下さっていたのかもしれない。

ともかくこうして、神様には怒りとか、悲しみとか、さらには楽しみといった、人間にはポピュラーな様々な気持ちなど皆無で、ただただ感謝あるのみという素晴らしい事実を知り得たのだ。こんな幸運が、いったいどこにあるだろうか⁉︎

やはりこのことは御室御所で執り行われた法要において、無事に龍神に引導を渡すことができたことへの神様からの御褒美だったのかもしれない。いやー、神様って素晴らしい。

ところで、本項の出だしに登場したキーワード「北斗七星」は、そもそも12月14日に予定されていた横浜での講演会で若い女性が僕に質問してくる内容と関わるものだった。それが実際にどんなものだったのかについては、また後ほどお話ししよう。

岡山は神様……蒜山仙人の教え（前編）

庭の芝生に降り立つＵＦＯ

神様からの御褒美は、前項で述べた不思議体験だけに留まらない。

12月10日のこと、僕は岡山県北の蒜山《ひるぜん》高原に向かった。岡山市内からは高速道路で1時間半ほど、鳥取県との県境にある避暑地だ。岡山生まれの僕だから、この蒜山高原のことは知っていたし、それまでにも何回も訪れたことがあった。蒜山といえばマニアの間ではＵＦＯがよく現れる地域として有名で、これまで僕が蒜山を訪ねたのも主にＵＦＯ探究のためだったのだが……。

まずは蒜山と僕のこれまでのつながりを少しお伝えしよう。もう20年以上も前のことになるが、『アガスティアの葉』の出版やサイババの紹介などで有名な東大の量子物理化学者・青山圭秀《まさひで》さんが、当時岡山にいた僕を訪ねてきて下さったことがあった。

量子論の分野の大先達ということで、緊張してお目にかかった記憶がはっきりと残っている。

そのときに伺ったお話に出てくる女性社長さんとその後直接お会いして、実際に当事者から詳しくお話をお聞きするに至ったのだが、そこで僕は笑いをこらえるのに必死だった。なぜなら、目の前に着陸したＵＦＯに招かれたというその女性社長さんのお顔は、なんとあのスピルバーグ監督の名作映画『Ｅ．Ｔ．』に登場するかわいい宇宙人そっくりだったからだ！　そして、その女性社長さんとＵＦＯの間の未知との遭遇の物語の舞台が蒜山高原だったのだ。

その女性社長さんは蒜山高原に別荘をお持ちで、時々休みの日にお一人で滞在されるそうだ。ある夜のこと、別荘の居間でくつろいでいたとき、庭が急に明るくなったためにカーテンを開けてみると、何と、庭の芝生の上にＵＦＯが着陸していたのだという。しかも、ＵＦＯの機体には入口のようなハッチが開いていて、そこからタラップのようなスロープが降りてきていたとのこと。

ビックリした女性社長さんは、こんなときにいちばん頼りになる友人、青山圭秀さんに電話をかけ、事の次第を報告していったいどうすればよいのかと助けを求めた。

するとそこはやはり天下の青山圭秀、慌てふためく女性社長さんに向かって一言。

「入口が開いていてタラップが下がっているのなら、なぜそのＵＦＯに乗り込まないのですか？　今すぐに乗って下さい‼」

それを聞いた女性社長さんの返事もまたふるっていて、

「先生、それは無理です。私、怖くて腰が抜けてしまって、立ち上がることもできません。とにかく、助けに来て下さい！　お願いします‼」

というものだった。

もちろん、夜の出来事だったので、青山圭秀さんとしては翌朝、始発の新幹線に飛び乗って、その日の午後に現地に馳せ参じるのが精一杯。それでも、そんな誰も真に受けないようなことを信じて青山さんは駆けつけた。別荘に到着したときには、既にＵＦＯの姿はどこにもなく、放心状態の女性社長さんが朝から駆けつけてきた社員に囲まれている場面に遭遇するのみ……。

それでもＵＦＯの痕跡を求めた青山さんは、ＵＦＯが前夜着陸していたという庭の芝生を丹念に調べた。そして見つけたものは、あたかもＵＦＯの着陸ギアーが接地していたかのような、正三角形の頂点の位置に３ヶ所残された大きな丸い茶色の円盤状の跡だった！　ＵＦＯのような重い物体が着地していたのであれば、当然ながらその３点の着陸ギアーの痕跡にある芝生の葉は折れて変色するはずなのだが、そこにあった茶色に変色した芝生の葉はまったく折れることなく曲がっていただけで、しかも活き活きとしていたのだとか。そしてその後、元の緑色の芝生に戻ったという。いやー、不思議千万、怪奇千万!!

蒜山では日常茶飯事⁉

こんな話を聞いていた頃、当時はまだ現役の東京大学医学部救急医学分野教授だった矢作直樹先生にお会いした際、たまたまＵＦＯの話になった。聞けば、彼はＵＦＯの存在を信じているにもかかわらず、未だにＵＦＯを目撃したことがないため、是非とも早期にＵＦＯとの出会いを果たしたいとのこと。

これは、ちょうどよいタイミング！　そう直感した僕は、矢作先生を誘って蒜山高原に行くことにした。真冬でかなりの積雪がある時期だったが、共通の仲間が他にも全国から参加することになり、総勢7名でワゴン車に乗り込んで岡山駅前から出発した。

目指すは僕が教鞭《きょうべん》を執っていた女子大が蒜山に持っていたセミナーハウスで、ここはUFOが庭先に着陸してしまった女性社長さんの別荘とはちょうど目と鼻の先ほどの場所にあった。その日は大学のセミナーハウスに泊まることにして、夜中に広い駐車場から夜空に向かってUFOを呼ぼうという腹づもり。あわよくば、セミナーハウスの庭かグラウンドに着陸してもらい、矢作先生をUFOに押し込もうとまで計画していた。

こんな雪深い真冬にセミナーハウスを利用する学生も教官も皆無ということで、宿泊客は我々「即席UFO探検隊」の7名のみ。数年に1回程度しか会うことのない管理人の方から7つの部屋のカギを受け取り、探検隊長の僕が独断で各隊員の部屋割りを決める。教官が利用する場合にはアルコール持ち込みが許されるため、車から大量のワインとつまみ類を運び込む。それらを運び終わったタイミングで厨房から声がかかり、早めの夕食が始まった。食後には寒い外に出て夜空を見上げ続けるという苦行が待っているとわかっているので、アルコールを飲まない矢作先生の前で、僕は防寒対策という名目でグイグイとワインのボトルを空けていった。

幸いにもその夜はよく晴れていて、風で舞い上がった雪がキラキラする以外には視界を遮るものも明かりもない。ＵＦＯ発見には好条件だ。夕食後に各自用意した防寒服を身に着け、積もった雪を踏みながら、いよいよセミナーハウス前の広い駐車場へと移動する。みんな口々に「寒い寒い」とか「ＵＦＯ現れて下さーい」とか口走っている。こんなバカげたことをいったい何時間続ければＵＦＯが出現してくれるのかと、不安がなかったと言ったら嘘になるが、隊長の僕が端から諦めムードではいけない。僕は誰よりも大きな声で「おーい、ＵＦＯＯＯＯＯ、出てくれーーー」と叫んでいた。

それが功を奏したのだろうか、誰かが、

「あ、あれはＵＦＯじゃない？　ジグザグに動いている！」

と声を上げながら夜空の一角を指差したのだ。

他の人もすぐにそれを見つけ、口々に「ＵＦＯだ！」、「ＵＦＯが出てきてくれた!!」などと驚きと感動が入り交じった言葉を次々に発する。ついにＵＦＯを見ることができた矢作先生も感慨深そうな表情で頷いていらっしゃった。

一度は消えてしまったＵＦＯだったが、僕が全員に「さあ、もう一度姿を現してくれるように、皆でＵＦＯの宇宙人に向かって念じて下さい！」と声をかけると、その数分後に再び上空をＵＦＯが乱舞し始めた。もう我々は大歓声だ。

すると、そんな興奮状態の駐車場の端を淡々と歩いていく女性の姿が僕の視界に映った。それは、我々の夕食を用意して下さったセミナーハウスの厨房スタッフの方で、上空を飛んでいるＵＦＯにはまったく気づかずに駐車場に駐めてあるご自分の車に向かって歩いていているようだった。

せっかくのチャンスを逃してしまわれるのはもったいないと思った僕は、その女性に声をかけた。

「今、あそこにＵＦＯが飛んでいますよ！　さっきから我々に応答してジグザグ飛行を続けてくれていて、喜んでいるかのようです！」

すると、どうだろう。その女性は何も驚いた表情など見せず、淡々とした口調で、

「はい、このあたりはよくＵＦＯが出ますよ」

と言い残し、上空を見上げることもせずにそのままご自分の車に乗って、まるで何事もなかったかのように走り去っていったのだ。そう、この蒜山高原ではＵＦＯが上空を乱舞するなど、まったくの日常茶飯事なのである!!


そして、このとき平然としたまま車に乗り込んでいったセミナーハウスの女性こそが、それから15年もの長き月日を経た後、冒頭で述べたように僕を蒜山高原に呼び戻すきっかけとなったキーパーソンだったのだ。

神様のお導きでいざ蒜山へ

その２ヶ月ほど前に、蒜山高原に住んでいるという女性から僕の公式ホームページの問い合わせフォームを使っての連絡があった。その内容は、「蒜山に生まれ育った古老で、地域の古代史を研究している郷土史家の方がいる。その方が、僕がその少し

前に出した歴史本『語ることが許されない封じられた日本史』（ビオ・マガジン）を読んで、是非とも僕に会って直接教えたいことがあると言っている」というものだった。

似たような目的で僕に会いたいというご連絡は他にもよくいただくのだが、時間や体力の不足もあり、申し訳ないがすべてお断りしている。このときもお断りするようにと指示したところ、美人秘書が珍しく僕に念押ししてきた。

「このメールの女性は先生のお知り合いの同級生とのことですが……、本当にいいのですか？」

聞けば、メールの最後に、

「先生が大学のセミナーハウスの外でＵＦＯを見つけていらしたときにお声をかけて下さった調理場スタッフの、『このあたりはよくＵＦＯが出ます』と応えた女性は私の同級生です」

と記されているとか。

「そんなご縁があるのか……。ではお会いすることにしないとまずいなー」

と考え、僕は岡山に帰っていて時間を何とか工面できるタイミングで、その年輩の郷土史家の男性にお会いすることにした。僕は後に彼のことを「蒜山仙人」と呼ぶことになる。

当初伺う予定だった日の直前、僕は福祉乗馬クラブで調子に乗って馬上で疾走しすぎたために「鞍擦れ」でお尻の皮が赤むけになってしまっていた。そこで「足を怪我して車の運転が難しくなった」と言って予定を延期させていただき、次の機会として設定したのが12月10日だった。

矢作先生をお連れして蒜山のセミナーハウスに行ったとき、上空をＵＦＯが乱舞して同行者全員が興奮していた中で、このあたりはＵＦＯがよく出るからと空を見上げもせずご自分の車に乗り込んでいった女性の同級生の方からのご紹介というわけで、その蒜山仙人にお目にかかることにしたわけだが、本音をいえば郷土史家の老人が教えて下さるという話が僕の興味を引くとは到底《とうてい》思えなかった。

そのため、わざわざ岡山市内から車で蒜山高原まで走っていくエモーションがなかなか湧いてこず、何か目の前にニンジンをぶら下げる必要があると感じていたとき、ちょうどグッドタイミングで横浜の美人校長先生に会ったのだ。

桜木町にある馴染みの小さな洋食屋さんで彼女と並んで座った僕は、早いペースでいつもの白ワインのボトルを空けながら、12月10日に岡山の蒜山高原までご一緒しませんかと、鼻息荒く目の前のニンジン、いや美人ににじり寄っていった。そのかいあってか、美人校長先生が同行して下さることになり、僕の期待は一気に高まった。もちろんそれは、午後に3時間だけその歴史家の老人の話に耳を傾けるという苦行の後に訪れるはずの、蒜山高原のリゾートホテルでの甘い一夜への期待だったわけで、ボトルを空にするまで気分よく飲み続けた記憶もかすんでしまっていた……。

とはいえ、その美人校長先生がご一緒してくれるならば、たとえ火の中、水の中、どこにだって喜んで馳せ参じます……という元気を頂戴できたのは事実。僕は残り1週間に迫っていた12月10日（の夜）を、首を長くして待ちわびていた……。

「神様って、やっぱり優しいんだなあ……」

などと思いながら。

岡山は神様……蒜山仙人の教え（後編）

蒜山仙人との出会い

12月10日の午前9時、僕はさる高貴なお方から頂戴したメルセデスベンツのSクラスロングボディーの高級車を運転して、岡山市内から一路県北の蒜山高原を目指していた。そして右側の助手席にはというと……、期待したはずの美人校長先生の姿はなし！　いったい何があったのか⁉

あの夜はかなり酔っていて僕自身はまったく憶えていなかったのだが、美人校長先生を口説き落として蒜山高原にご一緒する約束をとりつけた後、別れ際に彼女からひとつ提案をされたのだ。

それは、彼女のお仲間を同行させてもよいだろうかというもの。当然、美人校長先生と二人きりのドライブでなければ仕方ないのだから、いつもの僕ならお断りしていただろう。しかしそのときは酔って気分が大きくなっていたため、「懐の大きいところを示す絶好のチャンス！」とばかりに快諾してしまっていたようなのだ……トホホ。

というわけで、美人校長先生はいつもの4人のお仲間と一緒に、岡山空港からレンタカーのSUVで直接蒜山高原に向かうことになってしまっていたのだった。

午前11時半に蒜山高原にある商業施設「ジョイフルパーク」の駐車場で待ち合わせる予定で岡山道、中国道、そして米子道を乗り継いで蒜山インターチェンジから下道に降り、ちゃんと時間までに到着した。見れば時節柄ほとんど客がおらずガラ空きの広い駐車場に、白色の大きなSUVが1台ポツンと停車している。すぐにそれだとわかった僕が、その近くにベンツのSクラスロングボディーを滑り込ませると、SUVから美人校長先生が出てきていつもの笑顔を向けてくれた。さらにその背後に初めてお目にかかる4名の男女が現れ、簡単な挨拶を交わしていく。

この日は、古事記や日本書紀に描かれた日本の古代史と蒜山高原のつながりを研究なさっているという郷土史家の男性と会うために、ここ蒜山高原にやってきたわけだが、僕が「蒜山仙人」と呼ぶことになるその方との待ち合わせ時間は午後1時。まだ

1時間以上あるので、取りあえず全員で近くの喫茶店に入って昼食を取ることにした。B級グルメとして全国にも知られるようになった「蒜山焼そば」や、猪肉の「蒜山餃子」などに舌鼓を打ちながらしばし歓談していると、待ち合わせ時間より少し早く一人の女性がやってくる姿が見えた。

彼女こそが僕の公式ウェブサイトへの問い合わせメールで今回の話を伝えてくれた方で、大学のセミナーハウスで厨房を預かっている女性スタッフの同級生だったという女性だ。その女性の案内で全員が小さなログハウスまで歩いていくと、そこにはキチンと正装した古老の男性が立っていて、丁寧なご挨拶を頂戴した。挨拶に続いて男性は、自己紹介を兼ねてその男性が生まれてこのかた、どういう経緯で蒜山高原の古代史を研究するようになったのかについて語って下さった。

その後に熱く語られたのは、古事記に書かれた国生みの場所・高天原はここ蒜山高原であり、その事実を示す状況証拠として蒜山各地に見られる地名の多くに古事記に登場する名前がつけられていることなど、聞けば確かに「なるほど」とうなずける事柄のオンパレードだった。しかしどの話も岡山で生まれ岡山で育った僕にも初耳のことばかりで、小学校や中学校でも教わることはなかったし、岡山県内にいる親戚縁者からさえ一度も聞いたことがなかった。

もっとも、保江家は元々江戸中期まで赤穂藩お抱えの陰陽師集団の首領だったが、『忠臣蔵』で有名になった赤穂藩お取り潰し後の幕府隠密による陰陽師狩りから逃れるために備前の殿様を頼って岡山に移り住んだという経緯があるわけだから、岡山県北の古代からの伝承など知らなかったとしても無理はない。

このあたりまでは僕も「へぇー」という感じで聞いていたのだが、この日僕が蒜山に滞在できるのが残り1時間になってから、その古老の男性の話は佳境に入る。その内容が出版したばかりの初めての歴史暴露本『語ることが許されない封じられた日本史』（ビオ・マガジン）と強くつながっていたため、僕は思わず身を乗り出すようにして聞いてしまった。それは次のような驚くべきものだった。

蒜山仙人が語る「隠された史実」

時は、幕末。京都では薩長連合と幕府軍が御所を囲んでにらみ合っていた頃。当時、この蒜山にあった村長の夢枕に神様がお立ちになり、こんなお告げが下されたという。

「このままでは日本は、薩長連合が勝てばイギリスの植民地となり、幕府が勝てばオランダとアメリカの植民地となる。いずれにしても、日本は外国の植民地になってしまう運命にある。それを阻止するためには、この神国日本に神々が地の国の底の国から出てこられる高天原であるこの蒜山の地に日本一の自然石の鳥居を造り、御社は小さくてもよいがその名前を必ず『大神宮』として奉らなくてはならない！」

これを聞いた村長は、すぐに村人に命じて御影石を細工して巨大な鳥居を建て始めた。２本の御影石の柱を建てるところまではうまくできたのだが、困ったのはその後。その２本の柱の上に、大きく長い御影石を水平に載せて鳥居の形にするにはどうすればよいのだろうか？　現代のようにクレーンなどの重機があるわけではなく、すべてを人力でやらなくてはならない江戸時代末期のことだ。

村長が頭を抱えていたところ、再び神様が夢枕に顕れた。そのお告げ、というかご指示は、近くの里山をひとつ崩してその土を運んできて、２本の御影石の柱を埋めるように土を積んでいき、その土を一方向にはなだらかな坂になるように固めてから、大きく長い御影石を村人たちで坂を転がして上げていくようにという名案だったのだ。

神様の建設計画に従って無事に日本一の自然石の鳥居を完成させることができたものの、村には大きな問題も残された。それは、御影石の２本の柱を埋めてしまうほどに積み上げた土をどこに捨てるのか、というもの。そこで村長は苦し紛れに、畑に撒くよう指示をした。

元々、蒜山高原の土地は御影石が地表で風化してできた痩《や》せた土しかなく、それまで稲を育てる水田を造ることができず、やむなく荒れた土地でも栽培できる雑穀の畑のみで農業を成り立たせていたのだという。そんな畑に里山を崩した大量の土砂を撒いて処分したところ、どうなったか？　痩せた土が里山の肥沃な土に覆われたわけだから、田んぼになって稲を育てることができるようになるまでの豊かな土地になったのだ！

これは神様のお告げに従って、ちゃんと日本一の自然石の鳥居を完成させた村人たちへの神様からの御褒美だとしか考えられない。

しかし鳥居が完成しただけでは神様のお告げをすべて実行したことにはならない。次に村長は宮大工の匠に依頼して、小さいけれども一世一代の見事な木彫りで神々の御姿を浮き彫りにした御社を建立した。そしてここからが一番肝心なところで、まもなく御社も完成するというとき、村長は2名の村人を選んでキナ臭い幕末の京都に出向かせた。京都市内北東部にある吉田神社に行き、高天原であるこの蒜山の地に新たに建立した神社に「大神宮」という名前をつけることを許可してもらうためだ。

実は、天皇家や宮中における御神事はいにしえより白川家が執り行っており、それは伯家神道と呼ばれている。他方、江戸時代には豊かになった一般庶民も神事を求めるようになったため、京都市内の吉田神社においてそのような一般向けの神事を取りまとめることになり、そちらは吉田神道と呼ばれるようになった。今日、全国の神社で我々が接している神道作法はすべて吉田神道の作法であり、宮中でのみ続けられてきた伯家神道の作法は秘伝中の秘伝とされ、その存在を知る人はごくわずかだ。

幕末の時期にあっても、蒜山高原にある田舎に村人が建立した神社を所管するのは吉田神社であり、その新しい神社に名前を正式につけてもらうためにも吉田神社に出向いて依頼しなくてはならない。蒜山から京の都まで出向いてきた2名の村人は早速に吉田神社に出向き、社務所で神官に願い出たのだが、当然ながら文字どおり門前払いを喰らってしまう。天下の伊勢神宮であっても「神宮」に甘んじているというのに、田舎に新しく建立する小さな御社に「大神宮」という名前をつけるなど笑止千万！　そんなことも言われたのだろうが、2人は村長より、絶対に「大神宮」の名称を頂戴するように念を押されている。だから次の日も、その次の日も、来る日も来る日も吉田神社を訪ねた。むろん、何度出直そうが、結果は同じで門前払い。6日目には2人ともついに諦めて帰路につくことにしたが、しかし最後にもう一度だけと吉田神社に立ち寄った。

連日通い続けた社務所に恐る恐る近づいてみると、これまでけんもほろろの態度だったいつもの神官の姿はなく、代わりにたまたま年輩の宮司様がいらっしゃった。2人は再び最初から村長に言われていたとおりの内容で「大神宮」の名称を頂戴したいと願い出た。

すると、2人の願いを笑い飛ばすだけだったこれまでの若い神官とは違って、話を聞き終わった宮司様はこう言った。

「人間界の判断ではとても対処できない事柄ゆえ、巫女による御神事を執り行ってその結果に委ねるしかない」

宮司様はすぐさま巫女を呼び、本殿で神降ろしの巫女舞いが奉納された。その中で神様が乗り移った巫女の口から発せられた御託宣は、

「すぐさま大神宮の御神額を用意して持たせるように!!」

というものだったのだ。

こうして、まさに神謀りによって「大神宮」の御神額を吉田神社から与えられた2人の村人は、晴れて蒜山の村長の下へと凱旋することができ、村にはついに日本一の自然石の鳥居と「大神宮」の御神額をいただいた御社が完成した。村長の夢枕に立った神様にいただいた使命をすべて果たし、高天原である蒜山高原に神様と日本を強く結びつけるポータルを完成させることができたのだ。そのおかげで、幕末に薩長連合が勝利したときにも鍋島の殿様がイギリスと薩長の裏で見事に諜報戦を制してイギリスの目論見を潰すことができ、日本はどこの国の植民地にもならずに済んだ。これが、

蒜山仙人が僕に教えて下さった「隠された史実」だったのだ。

岡山は偉大な神様だった

そして、蒜山高原が神々がこの世に出てこられる高天原だという事実を明示するために、この地はその後「岡山」と呼ばれるようになったとも教わった。古来、「山」は神々の座として崇められ、「神」を「山」と表現することも多かったそうで、「高天原に座《ま》します偉大な神様」の意で「大きか山」という呼び名が用いられ、それが「おおきかやま」、「おっきかやま」、「おっきゃーま」、「おかやま」、そして「岡山」となったのだという。

なるほど、確かに僕の郷里岡山には金光教、大元、黒住教などの神道系新宗教の本部が置かれ、他にも日本書紀に出てくる古い神社がある。さらには、マリア様のお墓やモーゼのお墓までもがあると囁かれているなど、普通にはとても信じられないような伝承がいくらでも転がっている。僕は我が出身地の「岡山」を、改めて素晴らしい場所だと認めたのだ（もう何度目だろうか）。

このとき伺った話はまだまだ全体の1割にも満たないものだということで、こちらが黙っていたら蒜山仙人もどこまでも話し続けて下さりそうなご様子だった。興味深い話の数々に、僕もそのまま蒜山に残って夜通し蒜山仙人の話を聞いていたい気持ちにもなってきていたが、ここまで自分が興味を惹かれる話になるとは予想していなかったもので、夜に用事を入れて午後4時には蒜山高原を離れる予定にしてしまっていたのだ。

そんなわけで、まさに後ろ髪を引かれる思いで蒜山仙人に別れを告げ、晴れて美人校長先生をメルセデスベンツのSクラスロングボディーの助手席に乗せ（実際は「少しくらい隣に乗ってよ」と僕がゴネたからだが）、岡山道を疾走していった。

お仲間たちを乗せたSUVをあっという間にブッちぎって、このまま美人校長先生とだけで秘密の場所へと急ごうとアクセルを踏み込もうとしたところ、お隣から申し訳なさそうな声でストップがかかった。

「先生、旅行カバンは後ろの車なので、どうか最後まで安全運転でお願いします……」

今回もまた、白馬の騎士がお姫様をさらうことはかなわなかった。トホホ……。

というわけで、今回の神様からの御褒美は美女との甘い一夜ではなく、隠された日本の史実だったのである。

2度あることは3度ある？　神様からの伝言

遡ることちょうど3年前（2018年）の夏、僕は神様からある伝言を頂戴した。それはその年の8月10日にモンゴルに集った黒魔術師が日本に大きな災いをもたらそうとしているので、それを阻止するためにその前日までに気仙沼に水晶を沈めろというものだった。このときは、ちょうど7月末に福島県の会津地方に矢作直樹先生と出かける予定が入っていたため、その前々日に気仙沼に出向き、神様の御指示どおりに龍の力を借りて無事に水晶を海に投げ入れることができたのだ。その結果、8月10日には何の災害も発生せず、神様からは「よくやった」というお褒めの伝言までもいただくことができた。

そして2年前の夏には、白山神社、天橋立神社、サムハラ神社奥の宮、そして志賀《しか》海神社《うみ》を通るレイラインの結界を修復せよとの御指示を頂戴してしまった。それまではそんなレイラインがあることも知らなかったのだが、日本地図を開いて眺めてみると確かに白山神社と志賀海神社を結ぶ直線上に天橋立神社とサムハラ神社奥の宮が並んでいる。

さらに驚くべきは、この直線を白山神社から右（東）に延ばしていくと3・11の津波でメルトダウンに追い込まれた東京電力福島第1原子力発電所にぶつかり、逆に志賀海神社から左（西）に延ばすと五島列島にある巨大な天然の鳥居が立つ不思議な小島にぶつかるのだ。この自然にできた石の鳥居の下に方位磁石を置くと、磁針がクルクルと回り、いわゆるパワースポットになっていることがわかる。

隠遁者様ことエスタニスラウ神父様はイエス・キリストの言葉に従ってスペインから日本に渡ってこられたとき、まずはこの小島で隠遁生活をお始めになった。この五島列島、志賀島、天橋立、白山を結ぶレイラインは霊的には大変重要なもののはずだが、日本列島がちょうど龍の姿をしていると考えたとき、この直線はまさに龍の背骨（竜骨）に相当している。そして、そのレイラインが龍の胸にあたる場所で太平洋へと出て、そのまま測地線を真っ直ぐに延長していくとレムリア大陸が沈んだ場所へと続くのだ。まさに、レムリアン・レイラインに他ならない！

このレムリアン・レイラインの存在に気づいていたアメリカは、太平洋戦争終結後にこのレイラインの霊力を封じ込めるためにそれが太平洋へと出ていくまさにその場所に、当時ジェネラル・エレクトリック（ＧＥ）社が設計ミスを残したまま製造した沸騰水型原子炉を東京電力管内に設置した。日本のレムリアン・レイラインを断ち切ることで、戦後の日本が二度とアメリカに侵攻できなくなるようにしたのだ。その結果、日本は完全にアメリカの属国となってしまっただけでなく、世界の手本となって霊性と感性を高めるべき日本人の務めが忘れられてしまったのだ。

そんな憂うべき日本の現状を打破するためには、福島第１原発を停止させた後に解体しなくてはならないのだが、アメリカの言いなりにしかならない日本政府や東京電力がそんなことをするわけがない。このままでは日本と日本人のレゾンデートル（存在理由）がなくなってしまうと危惧《きぐ》された神様は、ついに我々が目を覚ますように、そして日本政府と東電が福島第１原発を解体撤去せざるを得なくなるように、３・11

東日本大震災の津波による大鉈《おおなた》を振り下ろされたのだ。

そして今、福島第1原発の解体が進められている。だからこそ、2年前(2019年)の夏のタイミングで、いったんは福島第1原発によって断絶されていたレムリアン・レイラインを修復するという使命を僕が受けてしまったのではないだろうか。

ともかく、このときも何とか使命を果たすことができ、レムリアン・レイラインは復活したのだ。よく、2度あることは3度あるといわれるが、こうして2年続けて神様に召し出されてしまった僕は、昨年(2020年)には3度目の使命を頂戴できると大いに期待していた。ところが、昨年は待てど暮らせどいっこうに神様からの伝言は到着せず、ついに何もないまま年末の12月を迎えてしまった。

東京に北斗七星の結界を張り直せ!

このまま1年が無為に終わってしまい、3度目の正直はないままで新年を迎えることになるのかと、半ばというか、ほとんど諦めかけていた頃、僕は若い女性聴講者の方から講演会を主催してくれた横浜の中医学専門学校の美人校長先生経由でメールを頂戴する。そこには待ちに待った神様からの伝言が入っていたのだが、その3度目の使命はというと、何と、江戸城に張ってある将門塚を中心とする北斗七星の結界を破るようにというものだった。

その女性は神様に結界の場所を具体的に教えてくれるように頼んだそうなのだが、

「お前はもう知っている」

という一言ですまされてしまったとのことだった。

むろん、知っているどころか、まったく心当たりがないにもかかわらず……。

そんなあやふやなことだらけの使命のために召し出されたのかと、いささか気が向かなかったのだが、ともかく手始めに「将門塚」と「北斗七星」さらには「結界」をキーワードにネット検索をしてみた。すると、どうだろう。すぐにズラズラッと表示された膨大な量の記述項目からして、たまたまその女性も僕も知らなかっただけで、将門塚を用いた北斗七星の形の結界が江戸の町と江戸城を護るために張られていたという史実から都市伝説に至るまで、多くの人にとっては周知の事実だったようだ。

何でも、江戸幕府を開いた徳川家康の命を受けた天海僧正が陰陽師の作法に則って、江戸城の霊的防衛のために大手門の外に置いた将門塚を中心とする6社の神社を北斗七星の形に配置するように建立したとのこと。なるほど、既によく知られている北斗七星の結界だからこそ、神様が「お前はもう知っている」と告げられたのか……。

つまり、神様から与えられた今回の使命は、この天海僧正が江戸時代の初めに張った結界を破れというものだといえる。しかし、元々は江戸の町と江戸城を護るために張られたという結界を今頃になって破ってしまえば、当然ながら現代の東京と皇居の護りが崩れてしまうということになるのではないか。はたして、そんな愚かなことを神様が命じてしまわれるだろうか？

僕は数日間にわたって悩み続けた。そして、最後には僕なりに納得できる結論にたどり着くことができた。要するに、江戸の町と江戸城を護るために張られていた結界を破るだけではなく、新たに今度は東京と皇居を護るための北斗七星の結界を張り直すことこそが、神様から僕に託された使命なのだ。

時期的には、ちょうど２０２０年12月22日の冬至を境にして、それまで龍神が護っていた「土の時代」から新たに鳳凰が護る「風の時代」へと移り変わるといわれていた。ということは、新しく張る北斗七星の結界は、鳳凰の結界としなくてはならない。龍神の結界であれば天海僧正のような男性の陰陽師や神官で張ることができるのだが、鳳凰の結界とする場合には女性の巫女でなくては務まらないことを陰陽師の教えとして知っていた僕は、今回神様から与えられた使命を果たすには誰か巫女の助けを借りる必要があることに気づいた。

さらには、陰陽道では結界を張る日時についても様々な取り決めがあるのだが、特に北斗七星の結界を張ることができる日は、その西暦と月日を表す数のそれぞれの桁の合計が7となる日にしなくてはならない。２０２０年の12月22日以降、つまり鳳凰の時代になってからこの条件を満たす日は唯一「２０２１年１月１日」しかなかった。

２＋０＋２＋１＋１＋１＝７となるのだから。

ということで、僕は伯家神道の巫女様に２０２１年の元日の11時11分から東京で北斗七星の結界を張るための御神事を手伝ってくれないかと、恐る恐る頼んでみた。ところが案の定、京都に住む巫女様は正月には家族や親戚と過ごすことになっていて、元日の朝に東京に出てくることは難しいと断られてしまった。ならば東京にいる３人の美人秘書を即席の巫女にして急場をしのごうと考えたのだが、３人ともが年末年始にはそれぞれ実家に帰省するとのこと。

つまりは、２０２1年1月1日に東京に鳳凰の結界を張ろうにも、手伝ってくれる巫女がいないことには不可能であり、まさに万事休す！　天に見放された形となった僕は、いったいどうしたものか思案していたのだが、どうにもならないまま時間だけが無情にも過ぎ去っていった。

やはり神様がお選びになった巫女だった

だが、しかし！　やはり神様は決してお見捨てになることはなかった。ちゃんと、新しい巫女要員としての若くて美しい女性を目の前にサラリと登場させて下さったのだ。

とはいえ、本当にその女性が巫女として仕えることができるかは完全な未知数。通常はあらかじめ資質を調べた上で巫女となるための御神事を受けてもらうのだが、今回ばかりはそんな時間も残っていない。ご本人の巫女としての資質がわからないまま、とにかく巫女となるための御神事を執り行うことになった。

その御神事はどの神社でも可能というわけではなく、昔からの伝承で認められているホンの数社でのみ許されているのだが、戦後そのようなことは完全に失伝してしまったため現在では誰も正式な手順を踏むことはできない。しかし、東京に北斗七星の結界を張り直すという大役を務めるためには、巫女としての力を最大限発揮できるようにしておかないと意味がない。そこで、巫女となるための御神事は、霊的なパワーが日本一、いや世界一、いやいや宇宙一ということで、知る人ぞ知るとある神社で執り行うことに決めた。

こうしてXデーまで残すところ数週間のみとなっていた12月のある日、急遽《きゅうきょ》巫女候補となった若い女性とその母親、そして神官役の僕は、案内役の屈強な男性が運転するメルセデスベンツの大型クーペＳＬでその神社を目指した。高速道路を降りてからカーナビの指示どおりに下道を走っていくうち、進行方向左側前方の空にだけ晴天にもかかわらず低空に雲が湧き出ているのに気づいた。

まるで雷神が乗っているかのように、渦を巻いて低くたなびいている雲が西日に赤く照らされ、とてもこの世の光景とは思えない。運転してくれていた案内役の男性に向かって、

「ひょっとして目的地の神社はあのヘンな赤い雲が湧き続けている空の下あたりですか？」

と聞いてみた僕の直感は正しく、まさにそこが宇宙一のパワースポットとして知られていた知る人ぞ知る霊験あらたかな神社だったのだ。

車内の4人の目が赤い雷神雲に向けられたまま、ベンツのクーペSLはついに神社の駐車場に到着し、僕たちは里山の上に建立された古い小さな御社へと石段を本当に恐る恐る上っていった。

石段を上りきって狭い境内に入り、風もない精妙な雰囲気の中で僕は巫女候補の若い女性に神殿の前に立ってもらい、その後ろに立会人の2人を立たせ、その背後から祝詞を奏上する。その祝詞が始まった瞬間、急に激しい風が境内を吹き抜け、枝葉が

ザワザワと音を立てて大きく動くだけでなく、たくさんの鳥が激しく鳴き始めた。

祝詞が終わる瞬間に秘伝の拍手を打ち、同時に激しい風もピタッと止んで鳥も鳴かなくなった直後、巫女候補と立会人に対して神殿に向かって低頭し拍手を打つように促す。そう、まさにその瞬間、神憑りの奇跡が起きてしまったのだ。

それこそは、今回の若い巫女候補の女性が真に巫女となることができたという御印だったのだが、これは事前にそうするように伝えていない限り絶対にできない動きだ。もちろん、僕は何も知らせていなかったにもかかわらず、この女性はどういうわけか無意識下で見事にその反応を示したのだから、神様が巫女となることをお認めになったということに他ならない！

こうして、まさにギリギリのタイミングで巫女を確保できた僕は、いよいよ2021年1月1日に向かっていつになく気を引き締めていた。いくら神様から巫女の御印をいただけたとはいえ、この成り立てホヤホヤの巫女で本当に皇居と東京の街を護る鳳凰の結界を北斗七星の形に張ることができるのか、まったくわからなかったのだから。ところが、このタイミングで判明したのだが、何とこの若い新米の巫女には北斗七星とのつながりがあったのだ。

それは、まず名前が「七（なな）」であり、あの『北斗の拳』の主題歌（北斗無双）を歌っている歌手だったということ。ご存知の方も多いだろうがこの『北斗の拳』の主人公のケンシロウの胸には北斗七星のシンボルが刻まれている。さらに彼女は、将門塚とともに北斗七星の結界を張る6社の神社のうちのひとつの神社の跡地に住んでいたのだ。ここまでそろっていたからこそ、神様はこの若い女性に巫女としての御印を与えて下さったに違いない。さすがは神様だ。

こうして2021年1月1日11時11分に北斗七星の形に鳳凰の結界を張るための御神事を無事に開始することができたのだが、その結果は!?

それについては、既に2021年4月20日に青林堂から出版していただいた拙著『東京に北斗七星の結界を張らせていただきました』において紹介してあるので、是非ともそちらをご覧いただきたい。そこに詳しく書いておいたが、もちろん北斗七星の結界が見事に張られたことを示す御印も直後に神様から頂戴することができた。

うーむ、それなら、そろそろ神様からの御褒美が期待できるかもしれない！　いやー、ニンマリ……!!

神様からの御褒美と若き巫女の願い

ところが実は、神様の奇跡の御褒美をいただけることはいただけたのだが……、それは（当然といえば当然だが）この僕にというわけではなく若い巫女に対してだったのだ!!

拙著『東京に北斗七星の結界を張らせていただきました』ではあえて名前を伏せておいたのだが、急遽巫女となって今年（2020年）の元日に鳳凰の結界を張るという大役をこなしてくれた若い女性は、大学生のときにプロデビューして人気を集めていた歌手だったのだ。それが、しばらく芸能活動を休止し、海外留学を経てサウンド瞑想の講師としてウェルネスを広める活動を行っていた。

そのようなときに、総合格闘技の大山峻《しゅんご》護選手のご紹介でお目にかかったのがご縁で巫女役を引き受けていただけたのだが、そんな彼女への神様からの御褒美というのは……、そう、当の本人ですらまったく考えてもいなかった数年ぶりの楽曲制作だった。

北斗七星の形に結界を張ることで皇居と東京を護り日本を救ってくれたことに対する御褒美は、カムバック第1作の曲そのものだったのだ。

元日に御神事を執り行う前後から頭に浮かんでいた曲に歌詞をつけようとしたとき、ご自分が子どもの頃に育ったアメリカが、トランプ前大統領とバイデン大統領の間の軋轢《あつれき》や、黒人と白人間のいさかい、さらには新型コロナウィルスパンデミックによる東洋人バッシングなどでズタズタになっていることに心を痛めた彼女は、再びアメリカの人たちの気持ちがひとつになってくれるように強く願っていた。

そんな彼女の思いに共鳴した、同じくアメリカで長く活躍していた日本人歌手の方と専属のミュージックエンジニアの方、それに映像アーティストの方などが手弁当で制作からリリースまでの細かい作業に参加してくれ、神様から彼女に与えられた心を揺さぶる英語の歌詞を素晴らしい曲に仕上げることができるという奇跡が現実化したのだ。

そして、２０２１年5月30日、巫女が神様からいただけた御褒美の新曲『The Power of Unity』がリリースされた。Queen の『We are the Champions』によって全世界の人々の心が結ばれたように、新曲の『The Power of Unity』によってアメリカの人々が再び強く結ばれていくことを、僕も強く願っている。

やっぱり神様ってすごい。岡山の秘書に「神様は何もかなえて下さらないけど、先生は何でも希望をかなえてくれるから神様以上！」と讃えられている僕が脱帽するのは、やはり神様の素晴らしい御業だ。やはりというか、当然ながら、神様にはかなわない……。

東京に北斗七星の形に鳳凰の結界を張ったことで皇居や東京の護りは万全となったわけだが、この御指示は前年の2020年の11月にいただいたものだから、これはやはり3年連続で神様から頂戴した使命の3度目ということになるはずだ。

ということは、もし4年連続で召し出されるのであれば、今年（2021年）も何らかの伝言が届くかもしれない！

金華山の結界を修復せよ！（前編）

因縁の地、気仙沼へ

そう考え始めていた2021年の1月30日、僕は淡路島にある福祉乗馬専門の「五色ホースクラブ」の滝本眞弓会長さんのご依頼を受けて、宮城県の気仙沼に向かうことになった。何でも、現地で「マコモ」という麻と稲のいいとこ取りをしたような日本古来の植物で不思議な細菌である「マコモ菌」を培養している会社があって、そこの社長さんが僕に会いたいとのこと。いつもならお断りするところなのだが、間に入ったのがお世話になっている福祉乗馬クラブの会長さんであり、さらにはその会社が気仙沼にあるので気仙沼まで出向くことになるということで、さほど興味が湧いたわけではなかったものの、このときだけは快諾することにした。

なぜなら、神様からいただいた最初の使命が「水晶を気仙沼に沈める」というもので、今（2021年）からちょうど4年前の夏に初めて気仙沼を訪れていたからだ。そのときは時間的な余裕がまったくなかったために、直感で見当をつけておいた気仙沼湾の中に浮かぶ大島という島の南端に位置する「龍舞崎《たつまいざき》」まで行くことができず、やむなく対岸の岩井崎《いわいさき》から海に向かって水晶を投げ込んだ。そんな手抜きをしたにもかかわらず、何とか無事に使命を果たすことができたことを後日神様からの再度の伝言で知ることができたのだが、やはり自分では気になっていたのは事実である。

そう、いつか大島の龍舞崎を訪れてみたいと思っていたのだ。だから、それから3年半の月日が流れた今年（2021年）の1月30日に気仙沼にある会社の社長さんからお声かけいただいたときには、「これで龍舞崎に行ける！」と内心喜んでいた。

社長が語る「マコモ菌発見伝」

こうして、1月30日の正午、岡山から駆けつけてきてくれた女子大の卒業生とともに東京駅から東北新幹線に乗り込んだ僕は、仙台駅でレンタカーを借りて雪が舞う中、夕方の5時には気仙沼市内にある「マコモ」の会社に到着した。

福祉乗馬クラブの会長さんと女性スタッフの2名は既に現地入りして我々を出迎えてくれ、会社の部長さんや部下の皆さんも入口に並んで歓迎して下さった。早速に通された社長室では一人の古老が満面の笑みで迎えてくれたのだが、それが社長さんの父親の会長さんで「マコモ菌」を発見した方の息子さんにあたる方なのだとか。

その横で補佐的に動き、雄弁に「マコモ菌発見伝」以外の気仙沼の不思議話などを語って下さったのが、さらにその息子さんで確かに社長っぽい元気丸出しの男性で、「マコモ菌」発見者のお孫さんになるわけだ。

卒業生にはいつものように僕の鬼門である左後方に座って護ってもらう形で大きなテーブルを囲む。まずは会長さんが、父親が如何に苦労して「マコモ菌」を見出し、それを健康増進のための製品開発につなげていったかを熱弁して下さった。その話をかいつまんで説明すると、次のようなものになる。

会長さんの父親が若い頃、神仏から「気仙沼のマコモによって人々を救え」と命じられ、何やら黒っぽい丸いマリモのようなイメージまでもが頭に浮かんできたとのこと。そんな夢のようなことを信じた彼は子どもの頃遊んでいた気仙沼の小さな沼に繁殖していた「マコモ」を見つけ、様々に工夫を重ねた結果、目に見えない小さな生命体の細菌である「マコモ菌」をマコモ本体から抽出し、マコモ本体を乾燥させて粉末化したものの中で生き続けられるようにした。

その粉末をお湯で溶いたものを飲むことで腸内常在菌として「マコモ菌」を体内に取り入れることもでき、また湯船に溜めたものに入浴することで皮膚から直接「マコモ菌」の治癒効果を受け取ることもできると直感した彼は、まずは「マコモ茶」や「マコモ風呂」を気仙沼で細々と広めていく。

それが全国的に広がっていくきっかけとなったのは、仙台市内にあった東北帝国大学（今の東北大学の前身）医学部放射線科の教授との出会いだった。当時の放射線科では患者のレントゲン写真撮影の現場で医師も同時にエックス線被曝を伴ってしまうのが日常的だったようで、長年に及ぶエックス線被曝の蓄積によってその教授にもかなり放射線障害の症状が出てしまっていたらしい。

そのような状態では職をまっとうすることはできないと考えた教授は周囲にも引退をほのめかしていたのだが、それを聞いたご近所の人たちの中にたまたま気仙沼で「マコモ風呂」に入ることで健康を取り戻した方がいて、教授に気仙沼で「マコモ風呂」を試すことを強く勧めてくれた。そして教授は仙台から気仙沼まで定期的に通って「マコモ風呂」に入ることで、自身の放射線障害を完治させてしまったのだ。

大変喜んだ教授は、気仙沼で「マコモ風呂」を広めていた現会長さんの父親をある日仙台のご自宅に呼び、

「今、自分が何とか用意することができたのはこれだけだが、これを資金にしてマコモをもっと多くの人々に広く利用してもらえるようにして下さい」

と説明して、新聞紙で包んだ分厚い札束を差し出した。

会長の父親はビックリし、教授のご厚意に対しては心から感謝したものの、そのよ

うな大金をいただくわけにはいかないと伝えて教授と押し問答。会長の父親は結局根負けし、

「それでは先生のお気持ちをこのマコモの普及に使わせていただけるように、先生からこの大金を私どもの会社に投資していただくという形にさせて下さい」

と提案した。そして東北帝国大学医学部放射線科の教授との共同経営という形でマコモ製造販売の会社を大きくし、気仙沼だけでなく東北地方から全国にまでその販路を拡大していったのだ。

こうして健康増進におけるマコモの力が徐々に理解されていったのだが、単にイネ科の植物でしかないマコモのいったい何が病気平癒に効果があるのか、ということについてはまったくわからないままの状況が続いていた。

それを打開してくれたのも、その放射線科の教授だった。世の中で電子顕微鏡が発明され、外国製の高価な電子顕微鏡が東北地方で最初に設置されたのが仙台の東北帝国大学だったのだが、放射線科の教授はそれを専属的に使用することができたのだ。

そこで、教授はそれまでの光学顕微鏡の倍率では見ることができなかったマコモの本

当の姿を電子顕微鏡で捉えてみることにした。

　超高倍率の電子顕微鏡によって初めて撮影されたマコモの本当の姿を見たとき、教授は驚きのあまり唸ったという。なぜなら、当時最先端の電子顕微鏡で初めて見ることができたマコモの姿というのが、今の会長さんの父親が夢で神様から見せられた黒くて丸いマリモのようなイメージそのものだったからだ。そう、父親が絵に描いていたマコモの本体そのままの姿が、最新の電子顕微鏡によって実際に映し出されたのだ。

　神様がこのように時として人間の認識能力を遥かに超えたものまでをも夢や幻視の中で垣間見せて下さるのは、僕自身も体験していることなので大いに納得できた。もちろん、放射線科の教授はすぐにこの電子顕微鏡写真を会長さんの父親にも見せて、これは神様が与えて下さった奇跡だと2人で喜び合った。この映像によってマコモに含まれる「マコモ菌」と呼ぶべき細菌が存在し、その働きによって人間の生命活動が活性化されることで様々な疾患を治癒させるのではないかと結論づけられたそうだ。

　こうして「マコモ風呂」や「マコモ茶」の普及は全国的に広まっていき、これまで多くの皆さんの健康増進に大いに役立ってきたとのことだった。

気仙沼の亀仙人

そんな「マコモ菌発見伝」を熱く語って下さった会長さんの話が一段落したとき、社長さんが僕に向かって「気仙沼は初めてですか？」と聞いて下さった。そこで僕は、3年前の夏に神様に召し出されて気仙沼に水晶を沈めにやってきたのが最初で、今回が2回目になると告げ、本当は気仙沼に浮かぶ大島という島の南端に位置する「龍舞崎」に沈めようと考えていたのが、時間が足りなくて本土側の岩井崎という場所で海に向かって水晶を投げ入れたことをお話ししたのだ。

するとと社長さんは元気にうなずいて下さり、

「そうそう、岩井崎はちょうど大島の龍舞崎の向かいでホントに目と鼻の先ですから、すごく的確な場所に導かれたのですね。さすがです。3年前は大島に渡るにはまだ気仙沼港からのフェリーしかなかったので時間がかかりましたが、今は本土と橋でつながったために車ですぐに行けますよ。そうだ、何でしたら明日の午前中に車を連ねて大島をご案内しましょうか。龍舞崎はもちろん本土側から見ても龍がたくさん舞っているように映りますが、現地に行くと不思議なパワースポットがあったり、浦島太郎の龍宮城伝説があったりして面白いですから」

と真剣に提案して下さった。

そしてその勢いのまま、社長さんは社長室の大きなテーブルの上に置かれていた何やら亀のような置物を手に取り、会長さんの父親がマコモを見つけたあの沼で社長さんが小さい頃遊んでいたときの不思議な体験を語って下さったのだ。

それは冬のことで、沼は凍っており、社長さんはその氷の上で遊んでいた。ところが不意に氷が割れ、子どもだった社長さんはそのまま沼へ落ちてしまったのだ。沼は子どもの身長をゆうに超える水深があったため社長さんは完全に氷の下の水中に沈んでしまい、水面に出ようともがいてみても厚い氷に阻まれて息継ぎもできず、まさに万事休すの状態に陥ってしまったのだとか。

このまま溺《おぼ》れ死ぬ運命なのかと観念しかけたとき、ふと両足の裏に何かがコツンと当たったかと思うと、かなりの力で自分の身体が真っ直ぐに押し上げられ、ちょうど割れて氷に穴が開いたところからザザーッと氷上に投げ出されたという。

こうして一命を取り留めた社長さんは、ビショ濡れのまま寒い中を走って家に帰り、一部始終を語ったそうだ。そのとき、社長さんの祖父にあたる「マコモ菌」の発見者である先々代の社長さんは、そのマコモが原生していた沼の主である亀仙人が助けてくれたに違いないと確信し、それ以来社長室のテーブルの上には亀仙人の置物を置いて、代々決してその御恩を忘れないようにしているのだった。

ハワイでイルカに救われた！

この不思議な物語を聞いた直後、僕はすぐに自身の同じような体験に思い当たり、社長さんとのご縁を感じながら、その話を披露した。それは、僕が以前に姪を連れてハワイ島に行ったときのことだ。

野生のイルカと一緒に泳ぎたいという姪の望みをかなえるために、現地のアメリカ人ガイドが操縦する高速艇に乗り込んだのだが、海中で泳ぎ回るイルカの群れを見つけて飛び込んだ姪の姿を水中カメラで撮影しようと考えた僕は、泳げないにもかかわらず水中眼鏡と足ヒレをつけて命綱のロープをしっかりと左手で握りながら恐る恐る海に入った。シュノーケルを通して何とか呼吸をしながら水中眼鏡越しに海の中の様子を眺めてみると、泳ぎのうまい姪はイルカの近くで楽しそうにしている。

そんな様子を水中カメラで撮影していると、姪がイルカを追って不意に深く潜り始めた。それを見た僕もつられる形で、カメラを向けたまま追いかけるように潜っていく。すると、どうだろう。冷静に考えれば当たり前なのだが、それまで口の中に空気を運んでくれていたシュノーケルから突如として大量の海水が口の中に流れ込んできた。不意を突かれた僕はパニックになってしまい、大慌てで足ヒレのついた両足をバタバタと動かして水面へと顔を出し、何とか息継ぎをする。やっと落ち着きを取り戻したとき、僕は自分が置かれたトンでもない状況に気づいた。

まずわかったのは、左手でしっかりと握っていたはずの、高速艇につながった命綱がどこかに行ってしまっていること。そして次にわかったのは、いつの間にか高速艇からはかなり離れた位置にまで流されていて、しかもアメリカ人のガイドは反対側でイルカと泳いでいる姪のほうばかり眺めており、僕がドンドン流されていることに気づいていないということ。

それでもアクアラング用の足ヒレを交互に動かすことでかなりの浮力を得られることがわかったので、泳げない僕でもどうにか海面に浮いたままで高速艇までたどり着ける自信はあった。幸いにも右手に持っていた水中カメラは手放すことなく持っていて、姪が野生のイルカと泳ぐ写真だけはちゃんとゲットできていたのに安心した僕は、両足を力強く動かしながら太平洋の真ん中を少しずつ高速艇に近づいていった。

ところが、まさに好事魔多し！　あまりに強く動かしたため、両足にはめていた足ヒレが踵の部分から脱げ始めてしまい、かろうじてつま先のところに引っかかっているだけになってしまったのだ。このままではすぐにも足ヒレが完全に外れてしまい、泳げない僕がどんなに足をバタバタさせてももう浮力を得ることはできなくなってしまう！

ほんまにやばい!!　突然の緊急事態に追い込まれてしまった僕は、高速艇の上で反対方向を眺めているアメリカ人ガイドに向かって「ヘルプミー！」などと叫ぼうとするのだが、既に浮力を失いかけているので海水が鼻や口に入ってきて、とても発声などできない。もはや、万事休す!!

このまま太平洋の藻屑と化すのかと観念しかけた瞬間、何か固くてしっかりとしたものが踵に当たったと感じるやいなや、驚くべきことが起こる。ほとんど踵から外れかかっていた足ヒレがかなりの力で踵に向かって押し込まれたかと思うと、見事に再び足にしっかりとはまっただけでなく、さらには「何か」が足ヒレ越しに両足裏を勢いよく垂直に押し上げてくれたために、僕の上体が海面から高く持ち上がり、ガイドが乗った高速艇を見つけて方向を確認することができたのだ!!

しっかりとはまった足ヒレを交互にバタつかせ、浮力と推進力を得て、僕は自力で高速艇までたどり着くことができた。何も知らないアメリカ人ガイドと姪はキョトンとした顔で僕を船上に引き上げながら、「随分とゆっくりイルカと泳いでいらしたのですね」などと見当違いの言葉を投げかけてきた。

高速艇の上でやっと落ち着きを取り戻した僕は、ガイドと姪に向かって堰を切ったように英単語を並べ立て、事の顚末《てんまつ》を訴えた。あのまま足ヒレが海中で外れてしまっていたなら、今頃は土左衛門になってサメに食われていたわけで、まさに不思議な海中からの一押しは天の助けというか、神様の御計らいとしか思えないと伝えたのだ。

何か強い力を足裏に感じたとき、固いものがコツンとぶつかる感触があったのは確かで、それを聞いた姪は「イルカが助けてくれたのでは」と話していたのだが、アメリカ人ガイドに至っては「このあたりにはサメもいるからなあ」などと僕を怖がらせることも忘れてはいなかった。

僕自身の考えとしては、命の危機が迫っていた僕を助けるために、神様がイルカを動かして外れかけていた足ヒレを見事に復旧させてくれたのではないだろうかと思う。

そう、マコモ菌の社長さんは気仙沼で亀仙人に助けられ、この僕はハワイ島沖で野生のイルカに救われたという、不可思議千万な共通体験を持っていたのだ。

神様って、ホントに素晴らしい存在だ。

金華山の結界を修復せよ!(後編)

龍舞崎と3年越しの真実

気仙沼での初日の夜は、政府の蔓延防止対策を尊重するということで、会社の会議室で少人数の歓迎会を開いていただいた。3年前(2018年)に本当は気仙沼湾の入口に浮かぶ大島の龍舞崎から水晶を海に投げ込むべきところを、時間がなかったために手を抜いて本土側の岩井崎から投げ入れたという話を僕が披露したことで、翌日には社長さんが龍舞崎まで案内して下さることになった。

3年前には気仙沼湾の奥に位置する気仙沼港からフェリーに乗らなくては渡れなかった大島も、その後立派な大橋が架けられ、今では車であっという間に渡ってしまえるとのこと。あれから既に3年の月日が流れていたのか……。震災からの復興が着実にここ気仙沼港にも及んでいるのを感じながら、僕はレンタカーのハンドルを握って、先導する社長さんたちの車を追いかける形で真新しい大橋を渡った。

大島の北端から南端へと一気に縦断して到着した龍舞崎には、確かに異形《いぎょう》ともいえるかなり神秘的な風景が広がっていた。海の塩を含んだ空気にさらされ続けた岬の崖《がけ》上の松林の松の木は、すべてがその葉を完全に落としてしまい、まるで無数の龍が乱舞しているかのように見える。3年前に本土側の岩井崎からこの龍舞崎を望んだときは、岩井崎に1本だけ残った「龍の松」にのみ注目していて気がつかなかったが、やはりこの龍舞崎は龍の聖地なのかもしれない。

駐車場に車を置いてからは崖の上を歩いて先端部へと案内された。途中で崖下への脇道を降りていくと、そこには乙姫伝説のある、海へと続く洞窟があった。乙姫様の胎内だという洞窟は、ちょうど干潮だったために水が引いていて、内部にまで歩いていくことができたのだが、そこは大自然の神秘の向こうに神の存在を感じ取るには最適の場所だった。

そこから龍舞崎の最先端へと向かうには、切り立った狭い割れ目に架けられた小さな橋を渡って岩から岩へと移っていくことになる。下方には浦島太郎が乗った亀だといわれる亀岩が見えた。

この割れ目を通過するとき、まるで異次元へのスターゲイトであるかのように頭と視界がクラクラするような感覚を味わった。このことからも、確かにこの龍舞崎が真の竜宮城である可能性を否定することはできない。その龍舞崎の南端に立ったとき、何百頭もの龍に囲まれながら対岸を見渡した僕の視界には、あの懐かしい龍の松が1本だけ残る岩井崎が飛び込んできた。

「あそこだ！」

僕は同行してくれた卒業生に向かって、いや、おそらく自分自身に向かって万感の思いをぶつけるように叫んでいた。そう、3年前に訳もわからないまま海岸までたどり着いた僕が、決死の覚悟で降りていった険しい岩場から夕暮れの海に水晶を投げ入れた、あの岩壁をすぐ目の前に望むことができたのだ。3年前の僕は、手抜きどころか、龍舞崎から投げ込むのと同じ気仙沼の海に見事に水晶を沈めることができていたのである。僕は卒業生と手を取り合って喜んだ。やはり神様が助けて下さることに間違いはない。

三陸沖でハワイを想う

ちょうどお昼時分になっていたため、社長さんや福祉乗馬クラブの会長さんたちは、近くにある牡蠣《かき》小屋に行って牡蠣を堪能しようと誘って下さったのだが、実は僕も卒業生も牡蠣が大の苦手だ。なので、ここで我々2人は次の予定があるのでと失礼させていただいた。大変に申し訳ないとは思いつつ、旅先で無理をしていいことは何もない。

レンタカーに乗り込むと、助手席に座った卒業生は愛用のｉＰａｄを操作しながら不意に、

「先生、大島から橋を渡って本土側に着いたら、そのまま気仙沼に戻らずに牡鹿《おしか》半島を反対方向に進んでもらってもいいですか」

と言った。

実は、この卒業生には直感というか霊感のようなものが少なからずあり、これまでメールマガジンにも何度も登場してきたように、四国のキリスト村やキリスト神社、

さらにはサムハラ神社奥の宮やマリア様のお墓などの秘蹟をことごとく見つけ出してくれている。だから彼女が行きたいと言う場所は何らかのパワースポットになっている可能性が高く、もちろん僕に異存もない。

彼女の指示どおりに牡鹿半島の最南端に位置する岬を目指してレンタカーを走らせる。半島の尾根部分にある道路を走っていくと、前方左側には気仙沼湾に浮かぶ大島が見え、右側には広大な太平洋の水平線がどこまでも広がっていく。こんなに雄大で霊妙な景色は岡山の瀬戸内海ではとても望めない。

こうして到着した牡鹿半島の南端には、険しい崖の上に建立された古い神社があった。駐車場は時節柄なのかまったくのガラ空き状態で、参拝に訪れている人は皆無だった。そんな中で卒業生は喜々として本殿の裏に行き、不思議な場所を見事に発見してしまった。

どうもこの場所は金華山ともつながっているようで、何かが僕の後頭部に触り続けていた。境内を出ると、駐車場から先には岬を歩いて廻れる細い遊歩道があり、近海で鯨が捕れるのか鯨にちなんだ名前が付けられている。卒業生の後ろ姿を視界に入れながら遅れないように必死で歩いていくと、まさに断崖絶壁の真上に出たところで270度に海面が広がり、大島南端の龍舞崎とその向こうの本土側にある岩井崎が一直線に並んで見えた。

そのとき、卒業生が大きな声で呼びかけてきた。

「先生！　ここです！　ここからは龍舞崎も岩井崎も見えるだけでなく、ほら、あそこに金華山も見えますから!!」

彼女が元気に腕を伸ばしているほぼ真南の方向の水平線には、まるで富士山が海面に突き出しているかのような金華山の姿を捉えることができた。誰が見てもここが金華山と地理的に強くつながった重要なポイントになっていることが明らかだった。その上、そこが龍穴となって、地殻のエネルギーだけでなく太平洋の波のエネルギーと海風のエネルギーが地球の霊的エネルギーを何段階にも増幅していることが僕にもわかった。

そのエネルギーを全身に浴びながら牡鹿半島の先端にしばらく立ち尽くしていると、崖から少し下りていったところに岩場を見つけた。僕たちはそこで、金華山に向かって全身全霊を傾けて伯家の拍手を打ちながら天之御中主神祝詞を奏上した。

伊弉諾命《いざなぎのみこと》、伊座波命《いざなみのみこと》が国造りをしたオノコロ島の光景はかくあったであろうと思える海と島と空の一大叙事詩が目の前に繰り広げられる中、僕と卒業生は異次元でのお務めを何とかこなして舞い戻ってくることができたようだった。気がつくと海の波も空の風も穏やかになり、一片の雲もない穏やかな空が美しい海と陸の上に広がっていた。

ホッと安堵の胸をなで下ろした僕たちは、風光明媚《めいび》な場所を満喫しておこうと、牡鹿半島先端の崖上を巡る遊歩道沿いに連なる風と潮と岩の造形美に浸ってから神社前の駐車場に戻った。

この日は石巻市内中心部に宿泊し、翌朝に金華山に渡る予定を組んでいたので、夕方までに石巻に到着すればよく、時間は充分にあった。そこで、岡山の山間部で育った卒業生にできるだけ太平洋の雄大な景色を見せてあげたいと考えた僕は、高速道路を使わず、助手席側に常に海を見ることができる海岸沿いの国道を走って石巻市内を目指した。

翌朝は月曜日で金華山への定期便フェリーは運航しないと聞いていたため、前日に水上タクシーを予約しておいたのだが、海が荒れない午前中にしか船を出せないとのことで指定された港へとレンタカーを飛ばす。そこは捕鯨船の基地となっている有名な漁港だったが、3・11の津波で港湾設備が全滅したため、すべてが新しく造り直されて近代的な雰囲気のある港になっていた。

新築の港湾ビルの一角に水上タクシーの事務所があり、こんな寒い時期に水上タクシーを利用してまで金華山に行く観光客は珍しいようで、通常は往復運賃が1万5000円のところを1万円ポッキリでチャーターさせてもらえることになった。関西なら逆に追加料金を取られるかもしれない状況で安く値引いてくれたのは、やはり素朴な東北人気質のおかげなのだろうか。

こうして真っ青な空を映し込んでどこまでも紺碧に輝く太平洋を水上タクシーの高速艇で走っている20分足らずの間、風になびく卒業生の後ろ髪越しに海面の煌《きら》めきを眺めていた僕に、前の項でお伝えしたハワイ島沖での姪とのイルカ事件の記憶が蘇ってくる。

ハワイからは遠く離れているとはいえ、ここ三陸沖にも野生のイルカが泳いでいることもあると聞く。そもそもここは太平洋の西の端であり、あのとき太平洋のど真ん中で沈みかけた僕が飲み込んだ海水も、今水上タクシーの高速艇が跳ね飛ばしている海水も、どちらも同じ太平洋の水なのだ。

金華山の結界を張り直せ！

そうしているうちに金華山がドンドン大きくなって、船着き場から山頂に至る全貌がはっきりと見えたとき、僕は我が目を疑った。なぜなら、金華山は未だに山肌が大きく崩れたまま、ブルドーザーやクレーンなどの多くの重機が動いて修復作業が続けられていたからだ。そのための資材を島に運び込む必要があるからか、港だけは取りあえずコンクリートの岩壁が整備されていて、そこに水上タクシーが横付けされた。

船長さんはここで1時間しか待てず、山を歩いて登ったのでは間に合わないとのことで、携帯電話で中腹にある神社の宮司さんを呼び出して下さった。5分ほど待っていると10人乗りのライトバンが急な坂を下ってきて、神社の前まで僕と卒業生を運んでいただいた。これにはとても助けられたが、今回は神社にお詣りにきたわけでもなかったのでそれを申し訳なく思いつつ、運転して下さった宮司さんに最大限の感謝を伝えて、神社の脇から山頂へと延びていた登山道を登っていく。

3・11東日本大震災のときの津波で壊滅状態となったのは神社から下の部分で、神社やそれより上の部分は津波には浚《さら》われなかったとはいえ、登山道にも地震で崩れた岩がゴロゴロ転がっていて危険な状態だった。山肌の木や草は野生の鹿の食料になって茶色の幹と枝しか残っておらず、鹿が登っていくであろう獣道のようなものがはっきりと目に止まった。そこを通る方が安全だと考え、我々は明らかな鹿の糞を目印に、山の斜面を獣道に沿って登っていった。

荒れた登山道のときからそうだったが、獣道を登り始めてからもどういうわけか身体がものすごく重く感じられてならない。自分の体重がまるで2倍になったかのようなな、あるいは地球の重力が2倍の強さになったかのような、そんな感覚だった。単に足の筋肉が疲れたから重く感じるといった種類のものではなく、本当に身体全体が下向きにいつもよりずっと強く引っ張られているような感覚であり、そんな中で急な斜面を登っていくのは困難で、思ったように歩けない。

先に進んでいた卒業生に声をかけてみると、やはり彼女も異常に身体が重くなっていることに気づいていたようで、このまま山頂にまで登ろうとすると水上タクシーの出航の時間に間に合わなくなると言う。下りとなる帰りは神社のライトバンに頼らず歩いて港まで下山するつもりだったので、残された時間は15分ほどだった。

どうしたものかと考えていると、山上の方向を眺めていた卒業生が、

「先生、あそこにある大きな岩が棚のようになっているところなら、2人でかろうじて立っていられそうな狭い場所があります」

と教えてくれた。

急な岩場を両手でつかみながら、何とかその大きな岩の前まで登ってみる。かろうじて2人が立てるような狭いその場所にたどり着くと、不思議なことに突然体が軽く感じられた。それまで2倍の重さを感じていたものが、その場所では今度は急に軽くなっていつもの半分程度の重さにしか感じられない。

びっくりして顔を見合わせた僕と卒業生は、そこがこの金華山の龍穴になっている岩座《いわくら》に違いないと確信し、急いで結界を張り直すために伯家の拍手を打ってから天之御中主神祝詞を奏上したのだった。

時計を見るともう帰路につかなくてはならない時間だ。我々は鹿の糞を踏みながら急斜面の獣道を神社まで下っていき、その後は野生の鹿の視線を受けながらライトバンで上ってきた道路を早足で下っていった。何とか時間までに船着き場にたどり着くと、人の良さそうな船長さんに出迎えられる。こうして無事に金華山の結界を修復したつもりになって、水上タクシーのスピードを満喫しながら本土側の漁港へと戻ってきたのだった。安心したのか、下船したとたんに2人とも空腹を覚え、水上タクシーの事務所があった新しい港湾ビルの中にあったお店に入り、岡山ではありつけない「鯨焼き肉」に舌鼓を打ちながら今回の気仙沼と金華山の神旅に終止符を打った。

神様の底知れぬ優しさを見た

その10日後、僕は京都での会合を予定していたため、前夜から京都市内中心部の定宿に泊まっていた。夜の11時を少し回ったとき、たまたまつけていた部屋のテレビにニュース速報が流れた。どうやら福島県沖を震源とする強い地震が発生し、宮城県と福島県では震度5の場所が多数あったらしい。

しかも、ニュースにその後出てきた震源地を知らせる地図を見ると、何と、牡鹿半島から金華山に向かって結界を張ったレイラインのまさに延長線上に震源地が位置していたのだ。

そんなバカな！　つい10日前に金華山の破れかけていた結界を修復してきたばかりなのに、まさにその結界の近くで10年前の東日本大震災と同程度の地震が起きてしまうとは！　ひょっとすると、結界を張るのを失敗してしまったのかもしれない!!

そんな僕の不安をあおるかのように、夜中にもかかわらずテレビのニュース特番には避難所に逃げてきた現地の人たちのインタビューが映し出される。ところが、そんな人たちが口にするのは、10年前の大震災のときよりももっと激しく揺れたために、再びトンでもない津波が押し寄せてくるのかと覚悟したけれども、結局津波もなく、物が落ちて壊れた程度で人的被害はほとんどなかったという言葉ばかり。そう、10年前と同程度かそれ以上の揺れだったにもかかわらず、被害の大きさは何万分の一程度に止まったのだ。

翌日、京都で常日頃からご指導いただいている御摂家のお殿様にお目にかかったとき、今回の事の顛末をざっとお話しさせていただいた。最後まで静かにお聞き下さり、いつも以上の目力で僕を金縛り状態になさったお殿様が投げかけて下さったお言葉は、貴重な教えだけでなく神様の底知れぬ優しさで溢れていた。

「あのなー、あんたの御神事が実を結んで金華山の結界がきっちりと張られていたからこそ、昨夜の地震での人的被害が最小限に抑えられたんやで。結界というのはな、物には及ばんねやが、人間そのものにはものすごい効果があんねん。ほんま、ようやってくれたな。ありがとう」

第３章

神様からの贈り物

初めてのUFO

実は僕・保江邦夫はこの宇宙の背後に潜む原理や基本法則を探っている理論物理学者だ。学者というと勉強や研究が好きなのかと思われるかもしれないが、僕は小学校5年生のときの担任の先生が嫌いだったために、5年生から学校の勉強には手をつけなくなった。もちろん学校にだって行きたくなかったが、夜ごとに家の屋根に登り、星や天の川の煌めきを眺めているうちに心がとても穏やかになり、たとえ嫌いな先生の顔を見ることになるとわかっていても、どうにか毎朝登校する気持ちを奮い立たせることができたのだった。

僕は小学校2年生のときに、いわゆる葉巻型UFOを見たことがあった。ある夕方、友人と自転車の2人乗りの練習をしているときに、ゆっくりと西から東へ飛行するオレンジ色の細長い物体を目撃したのだ。このときはまだＵＦＯとか空飛ぶ円盤などという言葉すら知らなかったから、それが何であるかはわからず、ただその直後に自転車の２人乗りができるようになった喜びにとらわれて「あれは何だったのか？」という疑問さえ心の奥にやってしまっていた。それでもその後は昼であれ夜であれ、何かと空を見上げる時間が増えていき、特に５年生になってから夜中に屋根の上に登って夜通し星空を見上げるようにまでなったのは、その正体を知らぬままＵＦＯに再会したいという思いが込み上げていたからではないかと思う。

中学生になった僕は、当時発売されていた『ＵＦＯと宇宙』という雑誌を毎月購読するようになったのだが、あるときその巻末の読者投稿欄の中にあった、僕が小学校２年生のときに見たのとまったく同じ飛行物体の写真に目が止まった。そこには「昭和○○年○月○日に岡山市上空に出現したオレンジ色の葉巻型ＵＦＯ」という見出しがつけられていて、まさに僕が見たのと同じ日だった。こうして、僕が見ていたものが、宇宙人が乗っていると考えられている葉巻型ＵＦＯだったということを何年も後になってから知ったのだった。

これをきっかけに、中学生の僕の興味は一気にＵＦＯや宇宙人へと向かい、月刊雑誌『ＵＦＯと宇宙』だけでは飽きたらず、当時岡山市内にあった書店の科学関連の書棚に向かっては、自分の小遣いで買える範囲で「宇宙」と名のつく本を買って大切に読むようになった。

中でも一番面白かったのは『宇宙英語』と題する新書本で、アメリカや旧ソビエト連邦（今のロシア）が打ち上げていたロケットや人工衛星、さらにはマーキュリーやジェミニなどの有人衛星について、現場の科学者やエンジニアが用いていた専門用語の英語表現を日本語で解説したものだった。家でも学校でも、机の前に座っているときはその『宇宙英語』ばかり繰り返し読んでいたため、中学校のときの僕の成績はどの教科も最低ランクだったのだが、どういうわけか英語だけは良い点数が取れて担任に不思議がられていた。

さらに書店で『宇宙の数学』という新書本までも見つけた僕は、その中に解説されているロケット工学や天文学、宇宙科学で用いられる高度な数学のうち、中学生や高校生にもわかるレベルのものを見つけては読み込んでいった。そのうちに、英語だけでなく数学の点も良くなっていき、これなら岡山市内にある普通科高校に進学できるかもしれないとのことで、実際に受験してみたところ見事に合格することができたのだった。

天使は神様の実動部隊

学校の先生が嫌いで勉強もしなかった僕が高校生になれたのは、小学校2年生のときに葉巻型UFOを目撃してから、宇宙や宇宙人、そしてUFOや宇宙船に気持ちが向いてしまったからといえるかもしれない。高校に入ってからもそんな気持ちを持ち続けた僕は、部活では「物理部」の中の「天文宇宙班」に属して、夜中に校庭で天体観測のまねごとをしたり、2年がかりで反射式の天体望遠鏡を仲間とともに手作りしたり、文化祭では当時アメリカが打ち上げていた2人乗り有人衛星ジェミニのコックピットの実物大模型をベニヤ板で作ったり、夏休みには県内の山に登って流星やUFOを見つけようとしたりするなど、まさに宇宙三昧の2年間を過ごした。

そして、高校3年生の夏、近所にあった岡山県立児童館のプラネタリウムで、当時彗星を幾つも発見したことで世界的に有名だった倉敷天文台の本田実先生が講演をして下さるとのことで、僕は高校の同級生を誘って聞きにいったのだ。あこがれの本田先生のお顔を間近に見ようと最前列に陣取った僕だったが、本田先生は開口一番、

「この会場には県内一の進学校の生徒さんも来てくれているようですが、君たちはここで私の話を聞くよりも、今は帰って受験勉強に集中して下さい。そして、大学に入ってから本格的に天文や宇宙のことについて研究してくれたほうが、私は嬉しいのです。君たちにはそれができるのですから」

と、真剣な表情で僕を諭してくれた。

あこがれの本田先生のお言葉はさすがに耳に痛く、スゴスゴと会場を後にした高校3年生の僕は遅まきながら大学受験勉強を始めた。それまで大学についてはまったく考えていなかったのだが、本田先生に言われた「大学で天文や宇宙について研究して」というご注意が心の奥に響いて、大学の天文学科への進学を目指すことに決めた。もちろん、UFOや宇宙人について学んだり研究したりするためだ。

ところが、何とか大学入試にも合格して晴れて天文学科の学生になってみると、教授たちからは「天文学科でＵＦＯや宇宙人の研究なんかできるわけがないだろう!!」とけんもほろろだった。仕方なく天体力学や一般相対性理論などの理論物理学分野と重なる分野の研究をかじり始めたのだが、そうすると大学院では天文学ではなく理論物理学を専攻することになってしまう。理論物理学といえば、当時湯川秀樹博士と朝永振一郎博士がノーベル物理学賞を受賞されていた京都大学がメッカだったということで、京都大学の大学院に進学することになった。

そこから始まった僕の理論物理学者人生は決して順風満帆ではなかったが、さっさと博士号を取得して研究者にとっては閉塞的な日本を離れ、新天地を理論物理学先進地のヨーロッパに求めたのがよかったのだろう。僕はまるで宇宙人が教えてくれたとしか思えない方法で、それまで知られていなかった物理法則の基本方程式を見つけてしまったのだ。それが今ではＹａｓｕｅ方程式と呼ばれる、この宇宙のあらゆるところで細部に至るまで成り立っている基本法則の存在を示す方程式だ。そしてこの発見のおかげで、国際天文学連合において小惑星８１０１（１９９３ＸＫ１）に僕の名前

Ｙａｓｕｅをつけていただけた。僕はこれで高校3年生の夏のあのとき、彗星や小惑星の発見で有名だった本田実先生が僕を叱りつけて学者の道へと導いて下さったことへの恩返しができたと思っている。

本田実先生は理論物理学者としての僕の人生の大恩人なのだが、高校3年生のあの夏の日に1回お会いしただけで、その後は一度もお目にかからないまま天に召されてしまわれたのだった。このように、たった1回会っただけではあるが、そのときにもし会えていなかったなら僕の人生が大きく狂っていたかもしれない、あるいはもう人生を送ることができなくなってしまっていたかもしれない、と思えるほどに僕の人生に大きく影響を与えた人物は、今まで何人か現れてきた。

それがどんな名前で如何なる人物かがわかっていたのは本田実先生のみで、他の人たちは、素性はともかく名前がまったくわからない方だったり、さらには外国人の方だったりもした。彼らは僕が人生の窮地に陥ったときや、命の危険にさらされたときなどに助けてくれた人たちなのだが、不思議なことに後から振り返れば返るほど、彼らはとても人間としての存在だとは思えない。まるで神様が僕を助けるためにつかわして下さった「天使」であったかのように思えるのだ。実際、その後何人かの霊能力者や霊感の高い方々から、僕は何度も天使に助けられているのだということを教えられた。

だから、高校3年生の夏の日に僕を諭すことで理論物理学者の道を歩むよう導いて下さったあのときの本田実先生も天使だったと、今の僕にはそう思えてならない。その30年後の未来に、理論物理学者としての僕・保江邦夫の業績を記念して小惑星8101に僕の名前Yasueをつけていただけたことが理論物理学者としての人生の目的地であったとしたなら、あの高校3年生の夏の日に30年後の未来から天使として本田実先生が送り込まれてきていたのだろう！

それは、神様が僕に手を差し伸べて下さった結果であり、天使という存在は神様が実際に手を差し伸べて下さるときの実動部隊に他ならないのではないだろうか。そう、我々人間が過去から未来へと時間の流れに押されるように生きていく中で、濁流にもまれて溺れそうになったり、別の支流へと迷い込んでしまいそうになったりしたときに、まるで下流から船外機付きのゴムボートで救助のために川の流れを遡ってきてくれた救助隊のように、未来から時間の流れを遡って助けにきてくれる存在が天使なのだ。神様が望む形の未来から時間の流れを逆流して差し伸べられる神様の助け船、それが天使だからこそ、天使とは一度限りの出会いになってしまうわけだ。

無事に助けられた僕はそのまま時間の流れに乗って神様が待っていて下さる望まれた未来へと向かっていくのだが、そのとき助けてくれた天使はそのまま時間の流れをさらに逆流して無窮の過去へと遡っていくため、一度助けてくれた天使は二度と僕と出会うことはない。再度窮地に陥ったときには改めて未来から別の天使が送り込まれてくることになるが、一度助けてくれた天使そのものが再び目の前に現れることはないのだ。

マイアミで天使に救われた!

神様は本当にビックリするようなやり方で我々人間を救い導いて下さる。だからこそ、僕のような弱い情けない人間でも、神様が望む形の未来へと迎え入れていただき、小惑星に名前をつけていただけるという結果を頂戴することができたに違いない。

今になって僕は、これまで何度も天使たちに助けられて人生を無事にまっとうしてきたのだと、ようやくはっきりと理解することができた。そんな僕の目で振り返ってみれば、これまでまったく不可解な状況だったとしか思えないことの数々が、明確なヴィジョンとともに蘇ってくる。大腸癌《がん》で死にかけたときに助けてくれた美人看護師さんの話や、ルルドの洞穴で悪魔に狙われた僕を救ってくれた大天使ミカエルの話は、これまでも何冊かの著書の中でご紹介してきたので、今回はアメリカで僕が出会った天使の話をひとつお伝えすることにしよう。

あれは、娘が高校1年生になったときの夏休みのことだった。アメリカのフロリダ州にあるケネディ宇宙センターとユニバーサルスタジオを訪ねたのだが、マイアミ国際空港でレンタカーを借りた僕は、マイアミ市内中心部ではなく空港からほど近い郊外に予約してあったホテルへと向かった。その近代的なホテルの大きなビルは、マイアミ空港から1本のハイウェイを進むだけで簡単に見つかった。

そこは広い公園のような敷地の緑に囲まれたリゾートホテルで、翌日にケネディ宇宙センター、翌々日にユニバーサルスタジオにレンタカーで行くにも便利な場所だった。予定どおり翌日は午後の時間をフルに使ってのケネディ宇宙センター見学の後、帰路に見つけた道路沿いの中華料理屋に入って夕食を取ったのだが、結果としてとてもよい店に当たった。料理がどれも美味しいのはもちろん、給仕の中国人らしき若者たちとも話が弾み、横にいるのは娘だという僕の言葉を受けて、

「娘さんを連れてアメリカを巡るのはとてもいいことだ。ユーは立派な父親だね」

などとおだててくれた上に、店を出るときには中国人店員の皆が手を振って見送ってくれたのだ。青島《チンタオ》ビールでほろ酔い気分になった上に、初めて訪れた異国の土地でのもてなしに気分が緩んでしまった僕は、せっかくだから少しマイアミの街中を走ってから郊外のリゾートホテルに戻ろうと娘に提案し、ホテルを通り越して街明かりが輝く方向へとハンドルを切った。

美しいビーチを求めて全米、いや全世界から観光客が集まるマイアミはアメリカ南東部最大の都会であり、当然ながら夜の治安の悪さも全米屈指だ。別にその実態を自分の目で確かめようとしたわけではないのだが、夜のマイアミ中心部を走り抜けて再

び郊外のリゾートホテルへと戻り始めたとき、どこでどう間違ったのか道に迷ってしまった。周囲をよく見ると、ダウンタウンの外れにあるスラム街に入り込んでしまったようで、目つきの悪いゴロツキ風の男たちやストリートガールたちがこちらを物色しているかのようだった。

こんな場所からは一刻も早く脱出しなければ。そう思い少しでも安全そうなほうへとハンドルを右に左に回すのだが、その夜の僕の判断はすべてが裏目裏目に出てしまっていたのか、車外の雰囲気は悪化の一途をたどっていく。いったん車を止めたならば、すぐに何人ものゴロツキ連中に取り囲まれてしまうだろうと考え、赤信号を避けていったのが運の尽き、僕は路地裏へと入り込んでしまったのだった。自分の力ではどうにもならないところまで追い詰められた僕は、文字どおり天を仰いだ。もはや、万事休す！

そう、まさに神に救いを求めたその直後、前方に明らかなハイウェイパトロールのパトカーが青色の警告灯を点滅させたまま停車しているのが目に入った。見れば、その前に停止している車の運転席の外側にがっしりした体型の黒人の制服警官が立って、何やら車内に向かって指示しているようだった。

これを逃したら、もう助かる道はない!! そう確信した僕は、助手席に座っている娘に向かって、車内からドアをロックして待っているように伝えて外に出た。パトカーのすぐ後ろに止まった車から東洋人の頼りなさげな男が不安そうに出てきたのをチラッと見やった黒人の警官は、長い手を振りながら大声で、

「危ないから車の中で待ってろ。こっちのドライバーに注意したら必ずそっちに行くから、それまで娘の側を離れるんじゃない!」

と叫んだのだった。

このときだけは、早口の英語もキチンと聞き取れ、僕はオーケーと返事してすぐに運転席に戻った。しかしよく考えてみると、どうしてあの警官は周囲も車内も真っ暗な状況で、僕が助手席に一人を残して車を出ようとしたことがわかったのか!? そしてその助手席の人影が僕の娘だとなぜわかったのか!? 運転席に戻った僕の頭に、そんな疑問がフツフツと湧いて出てきた。とはいえその黒人警官が、この異国の吹きだまりに迷い込んでしまった我々2人の親子を救ってくれる唯一の存在であることだけ

は、疑問を差し挟む余地もない。

暗い車内で永遠にも感じる時を無言で過ごしていた親子に、天からの神の栄光を身に纏ったかのようなその黒人警官が近づいてきたと思ったら、運転席の外側に立ち止まり満面の笑みと丁寧な言葉を投げかけてくれた。

「このあたりはマイアミのダウンタウンでも特に危ない地区でね、娘さんを一人で車に残すのはトンでもなく危険な行為なので、少しきつく指示してしまいました。ご理解下さい。ところで、何かお困りですか？」

極度のアドレナリン分泌のためか、僕はその黒人警官の早口英語を完全に理解し、すぐさま自分でも驚くほどに流ちょうな英語で自分が置かれた窮地について説明し、何とか郊外のリゾートホテルまでの道筋を教えてくれないかと懇願していた。本当に切羽詰まっていたからこそ、僕の下手な英語でもちゃんと通じたのだと思うが、話を聞き終わったその警官は、

「ここから郊外に抜けるハイウェイまでの道順はかなり複雑になるから、地元の人間でも夜は迷うほどだね。まあ、娘さんの不安を一刻も早く取り除いてあげなくては

いけないし、今からホテルまで先導するのでパトカーの後をピッタリとついてきて下さい。もし横槍が入って遅れそうになったら、すぐにクラクションを激しく鳴らして知らせて下さい。いいですね」

と告げ、彼はパトカーに乗り込んだ。

こうして、まさに救世主のような黒人警官のおかげで、30分後には無事に郊外のリゾートホテルのエントランスにたどり着くことができたのだ。ところが、運転席から出した左手を振りながらそのまま走り去っていったパトカーの黒人警官に、お礼の言葉を伝えることができなかったのがとても心残りだった。もし彼がいなかったら今頃はどうなっていたか、考えるだけでゾッとする。

ともかく、こうして無事に娘を連れて戻ることができたことに感謝しながら眠ろうとしたとき、ふと大きな疑問が再び湧いてきた。それはやはり、あのハイウェイパトロールの黒人警官は、いったいなぜ助手席に座っていたのが僕の娘だとわかっていたのかという疑問だ。あのときのダウンタウンの一角は真っ暗で、パトカーの後ろに止めた僕のレンタカーの助手席に座っていた娘の姿など、前方20メートルほどのところに立っていた黒人警官から見えるわけはないのだ。にもかかわらず、彼は大声ではっきりと叫んでいた。娘の側を離れるんじゃない、と。

翌朝、僕と娘が遅めの朝食をすませた後で近くのユニバーサルスタジオに行くためにルームキーをフロントに預けに寄ると、陽気な雰囲気のフロントマネージャーが前日の滞在はどうだったかと聞いてきた。前夜の余韻をまだ引きずっていたためか、不思議に滑らかな英語が出てきた僕は、夜のダウンタウンで迷子になったが幸いにもパトカーに乗った一人の警官に助けられ、無事にホテルまで先導してもらえたことを話して聞かせた。

すると、そのマネージャーは次のようなことを話してくれた。

「マイアミのダウンタウンには全米でも恐れられる治安の悪い地区があって、マイアミ市警のパトカーが巡回するときは警官が必ず2名乗っているくらいです。だから、そのパトカーには警官が1名しか乗っていなかったということなら、それはマイアミ市警のパトカーではなくてフロリダ州の郡ハイウェイパトロールのパトカーということになるのですが、マイアミ市街は管轄外になるのでダウンタウンにいるわけはありません。ですからお客様が夢をご覧になっていたか、あるいはその警官はあなた方親子を救うために現れた天使だったのかもしれませんね」

最後にウインクしながら「Have a nice day!」と送り出してくれたマネージャーの最後の言葉が頭の中に木霊《こだま》し続ける中、僕は娘を乗せたレンタカーを運転してユニバーサルスタジオへと向かった。前夜我々2人の親子を救ってくれた黒人警官は、確かに天使だったのではないかという思いを強くしながら……。

天使を送ってまで我々人間を助けて下さる神様って、やはり本当にお優しい。

神様のお気持ちとお言葉

神の御業か悪魔の悪戯か

考えてみれば、もう随分と長い間、伯家神道の祝之神事《はふりのしんじ》に参入させていただいているが、これまで御神事の中で神様が僕に降りてこられたことなど、正真正銘の1回こっきりだ。もちろん、本当に神様が降りてこられたのか大いに疑わしい、どうせろくでもない魑魅魍魎《ちみもうりょう》の類がお前を騙《だま》しただけに決まっているなどと否定する輩がごまんといるのは明白ではある。

だからこそ、伯家神道では、

「見てはならず、言うてはならず、聞いてはならず」

という鉄則を守り続けなくてはならない。

しかしながら、世の中から神様の存在を知る人たちがどんどんと減っていっている現代だからこそ、神様が本当に存在なさっていることを少しでも多くの方々にお伝えしなければならないと考え、その禁を犯してでも皆さんに神様を身近に感じていただこうとメールマガジンをお届けしてきた。

とはいえ、神様だと思っていたものがトンでもない悪霊だったりするかもしれないのに、無責任にもほどがあるなどと主張する悪意ある輩が多いのも事実だ。確かに気をつけなければならないことではある。だからこそ、他人に語るのを禁じているのだから。

しかし、中臣鎌足を中興の祖とする長い歴史の中で蓄積されてきた祝之神事に対する客観的観察事例が大量に残され、それに基づく「審神者《さにわ》」の要領までもが門外不出で保存されてきた伯家神道においては、神の降臨を間違いなく判定するための指針がまとめられている。

その指針に照らし合わせれば、本当に神様が結界の中に降りてこられているのか、あるいは魑魅魍魎の類の仕業に過ぎないのかは一目瞭然である。その秘伝の指針を先代の巫女様から教えていただいていなかったなら、たとえ御神事の中に神様が降りてこられても、僕はそれを認識することすらできなかったことだろう。

その指針の内容は物理学者の僕にとってはあまりに衝撃的なものだったため、幸いにも時を経ても決して忘れることはなかった。だからこそ、たった1回初めて体験した神降ろしの秘儀を見逃すことはなかったし、それを正しく解釈することもできたのだった。

「神籬《ひむろぎ》」と呼ばれるこの秘伝の指針については、書籍やネット情報の中にも様々記されているようだが、残念ながらどれも間違いで役に立たない。それどころかそうした情報は、場合によっては悪霊による憑依《ひょうい》現象を神憑りだと誤解させてしまう危険極まりないものだ。

皆さんは、どうかそんないい加減な場には同席することのないようにしてほしい。交友範囲は常に人格的に素晴らしいと認められる人たちに限っておくのがベストだ。

僕の名誉母親である渡辺和子シスターは、何か不思議な霊力や霊感があるという方々と接するときには、まずその人が普通の人間として尊敬に値するか否かを見極めるべきだと教えて下さった。どんなに摩訶《まか》不思議で奇跡的なことができたとしても、人格がすぐれないような場合にはそれは神の御業などではなく、単なる悪魔の悪戯に過ぎないのである。

神武天皇と解放の言葉「アヤワナン」

とにかく、前の項でお伝えしたように、僕の1回限りの神降ろし体験でわかったことは、神様のお気持ちはただただ感謝あるのみということだった。これには本当に驚くとともに、心底から感動を覚えた。神様は感謝のお気持ちのみだという素晴らしい事実を知ることができたのだから、当然といえば当然なのだが……。

実は、それから半年ほどが経ってからの御神事の中で、再び神様が降りてきて下さったときにわかったことをお伝えするのが、本項の目的だ。以前判明したのは神様のお気持ちは感謝のみだということだったが、今回初めて知らされたのは神様が発せられた最初のお言葉についてだった。これはとても大切なお言葉なので、皆さんも心して読み進めていってほしい。

先代の巫女様がご存命のときに教えていただいたことのひとつに、祝之神事の祝詞奏上では文言ではなく抑揚や調子が重要なのだというものがある。それは、そもそも神武天皇が初めて御神事をなさったときの祝詞が、まるで唸り声のようなものだったという事実とも呼応している。つまり、言葉としてはまったく意味をなさない唸りのように聞こえる音であっても、その抑揚や調子が適切であれば効果があるということになる。

もちろん、神武天皇はまだ神様としての存在のほうが勝っていたために、最初の頃は人間としての言葉を発することができなかったという背景もあったのかもしれない。そもそも、神様にお気持ちやお心はあっても、人間と同じ言葉を用いての思考があるとは考えにくいのは確かだ。

最終的な仏典である『法華経』にも示されているように、この宇宙の法（ダルマ）はどのように言葉や論理で表現しようともすべて間違いになり、真の理解を得るためには「無差別智」としての体感によるしかなく、それこそが神や仏の境地なのだ。

僕の初めての神降ろし体験のときには、それまでいつものように普通に祝詞を奏上できていたにもかかわらず、急に喉から開いた口までが1本の土管のように感じられ、まったく音を発することができない状態になってしまっていた。それは神様本来のお姿であるかのようにも思えた。

では、その半年後に訪れた2回目の神降ろし体験のときはどうだったかというと、今度は喉に土管が挟まったような感覚はなく、ただ口が開いたままでどうやっても口を閉めることができないために、それまで普通に上げていた祝詞がまさに「唸り声」のように鳴り響くようになってしまったのだ。それはまるで神武天皇の最初の祝詞であるかのようだった。

たとえ唸りのようにしか聞こえていなくても、僕としては御神事を中断することだけは避けたいと思い、本当に必死で口を動かそうと努力を続けていた。そしてその努力が報われて、固く開いていた口がついに動き、喉の奥から堰を切ったかのように飛び出してきたものが、

「アヤワナン」

という、意味不明な音の羅列だった。

アルファベットでその音を表記すると「ＡＹＡＷＡＮＡＮ」だろうか。まったく意味不明のこの不可解な言葉を発した後は、普通にいつもの祝詞を奏上することができる状態に戻り、何とか御神事を無事に終えることができてホッとしたのだが、このとき自分の口から発声された「アヤワナン」という言葉がずっと頭にこびりついたまま離れない。

そこで、かねてより信頼している何人かの霊能力者の人に聞いてみたところ、ひとつの驚くべき事実が判明した。それは、まだ神様としての存在が勝っていたために人間の言葉を操ることができなかった神武天皇が、この地上で最初に発したのが「アヤワナン」だったといわれているということだ。

さらには、この「ＡＹＡＷＡＮＡＮ」という発音は、旧約聖書に記された神がご自身の存在が何であるかを人間に語られたときの言葉「I am what I am.」の発音「アイムワッアイアム」を早口で英国人や米国人が発声したときの発音に近いということもわかった。

そう、この「アヤワナン」はユダヤ教やキリスト教、さらにはイスラム教における神様であるヤハウェ（エホバ）が自分が神であると語ったときの言葉だったのだ。それが、神武天皇が初めて発したときの言葉「アヤワナン」と同じように聞こえたということは、やはり神様という存在は古今東西を問わずすべて同じものであり、ヤハウェの神も天之御中主神も同一神であるということ、さらには神様だと呼ぶのをあえて避ける人たちがサムシンググレートだとか宇宙意識あるいは普遍意識などと呼び、また僕が形而上学的素領域理論において「完全調和」と呼んでいるものもまた同一の存在であるということを示しているのではないだろうか。

こうしてはっきりとしてきたことは、2回目の神降ろしで体験することができたのは、神武天皇が神様としての存在であったときに唸り声で祝詞を奏上しながら、その霊力を必死で封印することによって初めて人間として「アヤワナン」と発声することができた瞬間だったということだ。

そして、唸り声しか上げられなかった重苦しい状態から「アヤワナン」という発声とともに解放されたときの爽快感と達成感の大きさには僕も驚いた。そのときの気持ちは、まるで生まれてこのかたずっと囚われの身だった者が、晴れて自由の身となったときに懐《いだ》くであろう心持ちにも似ていた。神様に近いときの神武天皇はいわゆる天使のような存在だったわけだから、天使と同様に「自由意志」を持っていなかったはずだ。

そして、最初こそ天使として天皇のお務めを果たしていた神武天皇は、人の世を治めるためにはやはり人間と同様に「自由意志」を持てる存在となる必要を強く感じていらっしゃったのだろう。だからこそ、人間の言葉を発することができるように最大限の努力をなさって人間神武天皇となられたに違いない。

ということは、この2回目の神降ろしのときに降りてきて下さったのは、神様に近い存在のときの神武天皇であり、祝之神事の結界の中で唸り声で祝詞を上げていた重苦しい状態から「アヤワナン」の一言とともに解放されて「自由意志」を勝ち得たという重要な出来事を僕に教えて下さったのではないか。しかし、だとしたらいったいなぜこのとき神武天皇の御霊がこの僕に降ろされたのだろうか。

諭鶴羽神社で祝福を授かった！

実は、その数ヶ月前に僕自身が既に神武天皇に呼ばれていたという事実を、僕はずっと後になってから知らされた。

あれは京都で僕の講演会があった日曜日のことだった。淡路島にある福祉乗馬クラブの理事長をなさっている滝本眞弓さんがわざわざ聞きにきて下さっていたので、終わってからご挨拶したときだ。

「明日淡路島の諭鶴羽《ゆづるは》神社に寄っていただけませんか」

と唐突におっしゃったので、理由を問うと、

「諭鶴羽神社の宮司様から是非ともお出で下さい、との伝言をお伝えするために京都まで参りました」

とのことだった。

宮司様とはまったく面識がなかったし、そもそも諭鶴羽神社には何年か前に1回参拝にいったことがあっただけだ。しかもそのとき神社は無人で、どなたにも会っては

いなかった。だから、宮司様から僕に諭鶴羽神社に立ち寄るようにことづけられたといわれても、まったくピンとこない。

しかし、そこはお世話になっている理事長さん相手のことだったので、ざっくばらんに聞いてみた。いったい、宮司様は僕にどんなご用があって呼んで下さっているのでしょうか、と。

すると理事長さんは丸い目をさらに大きくしながら、

「何でも、諭鶴羽神社の神様がお呼びなので、急いでお出で下さいとのことでした」

と、こちらまでもが目を丸くして驚くようなことを教えてくれたのだ！

諭鶴羽神社は淡路島最高峰の諭鶴羽山の頂上に建立された由緒ある神社で、麓の海岸から少し離れたところにある「沼島」は古事記の国造り物語に登場する「オノコロ島」だといわれていることからもわかるように、主祭神は日本を造った「伊弉諾尊」と「伊弉冊尊」だ。ということは、どういうわけかイザナギとイザナミの二柱の神様が僕に用があるということになる……。それをむげにお断りするわけにもいかないと考えた僕は、取りあえず理事長さんに次のようにお応えしておいた。

「幸いにも今回は岡山から車で京都にやってきていて、明日はその車で岡山に帰る予定です。ですから、いつもの山陽自動車道を通るのではなく、明石海峡大橋を渡って淡路島の諭鶴羽神社に行き、帰りは鳴門海峡大橋で四国に渡り高松自動車道を坂出まで走ってから瀬戸大橋を通って岡山に戻るということは可能です。ただし、今夜から明日にかけて西日本一帯でかなりの雨模様になる天気予報ですから、結局明日の天気次第です。なので、今日のところは宮司様には、明日伺うのは難しいと思うので近日中に改めて岡山から車で伺わせていただきます、とだけお伝え下さい」

その日の夜は激しい雨音とともに定宿にしている御所近くのホテルで眠りにつき、翌朝もやはりその激しい雨音で目が覚めた。カーテンを開けてみると案の定かなりの雨足で、これでは険しい諭鶴羽山の崖っぷちの細い道を上っていくのは危険この上ないことだ。

いつものように京都から山陽自動車道を走って岡山に帰るのが安全安心だと思った僕は、福祉乗馬クラブの理事長さんに電話をかけて、やはりこの雨では諭鶴羽神社に今日立ち寄らせていただくのは無理のようですと伝えた。ところが、これで幕引きになるかと思いきや、理事長さんの返答はまったく正反対のものだった。何と、淡路島では雨はもう小降りになっていて、昼前には上がりそうだというのだ。なので安心してお出で下さいとのこと！

と言われても、京都のホテルの窓から外を眺める限りは土砂降りの雨で気乗りはしなかったのだが、細かいことを気になさらない理事長さんの素直さに根負けした僕は、

「では、12時前に京都を出ますから午後の2時頃には最寄りの高速道のインターで落ち合えると思います」

と伝え、急いで身支度をする羽目になってしまった。

一応は手土産を用意しなくてはと考え、ホテルの近くにあった有名な和菓子屋に立ち寄ってから、いつもの京都市内中心部の裏道を使って鴨川西インターから高速道に入り、これまたいつものように宝塚北サービスエリアでガソリンを満タンにして雨の中を新名神から山陽道の三木ジャンクションを曲がって明石海峡大橋へと向かった。

そうして美しい吊り橋を渡って淡路島に上陸したとたん、あれほどまでに激しく降っていた雨がピタッと上がってしまい、雲の合間から青空すら見えてきた。山頂近

くの諭鶴羽神社に到着した午後3時頃には空は完全に晴れ上がり、拝殿から本殿に上げていただいた正式参拝の折には宮司様が「保江邦夫」用の祝詞を用意し奏上して下さるほどの大歓待だった。

調子に乗った僕は宮司様にお願いして、御神前において伯家神道の拍手を打ちながら天之御中主神祝詞を上げさせていただいた。そして、諭鶴羽神社の御祭神からの祝福を見事に受けることができたのだった。

それは祝詞奏上の終わり際のことだ。最後の拍手の打ち返しを行った瞬間、祭壇の上にあったLEDの照明がパッと明るく点灯した。僕はてっきり後方に座っていた宮司様が立ち上がって壁にあったスイッチを入れて下さったのだと考えていた。しかし、帰りしなに同席していた福祉乗馬クラブの理事長さんに聞いたところ、宮司様は最後の最後まで僕の後方でずっと正座で低頭して下さっていて、照明スイッチを押しに行くことなど不可能だったというのだ。つまり、誰も御祭壇の上のLED照明のスイッチを入れてないにもかかわらず、僕の参拝を終了する最後の拍手を打ったまさにその瞬間、LED照明が点灯したというわけだ。

そんな不思議なことも、実はその3年前に一度体験したことがあった。その年の元旦、下の娘が住む東京都稲城市にある小さな神社に初詣に行ったときのことだ。何気なく二礼の後に二拍手を打ったとき、僕の拍手に完全に同期して拝殿前に置かれていた賽銭箱の真上に吊されていたＬＥＤの電球が2度点滅した。それに気づいた娘は、

「すごい、最近の神社は音響センサーを取り付けていて、参拝の拍手に合わせてライトを点滅させるんだ！」

と喜んでいるので、僕もそうかもしれないと思い、次の参拝客の動作を少し離れた場所から観察したのだが、何組待っても賽銭箱の上のＬＥＤライトはまったく点灯しない。

ちょうどそのとき、知り合いの神主さんからお年始のご挨拶の電話がかかってきたので、

「最近の神社では参拝客の拍手の音をセンサーでキャッチしてＬＥＤライトのスイッチを入れるんだね」

などと伝えたところ、

「そんなことは神様への冒瀆になりますから、絶対やりませんよ！」

と強く反論されてしまった。

そこで、実際についさっき初詣のときにそうなった由をその神主さんに伝えたところ、

「えー！　ついにそこまでになられたのですね!!　霊格の高くなった神官が拍手を打ったり幣を振ったりするときにそんな不思議な現象が起こることがあったと話には聞いていましたが、素晴らしいことです!!　正月早々、実に縁起がいい、おめでとうございます!!」

と感動してくれたのだった。

たったの1回だけのことだったが、以前にもこのようなことが身の回りに起きていたため、今回の淡路島の諭鶴羽神社において参拝の終了時に祭壇上のＬＥＤ照明が点灯したことについても、諭鶴羽神社の御祭神からの働きかけだったと納得できた。とはいえもちろん、単にＬＥＤが勝手に光ったというだけで神様からの祝福を授かったと思うほど僕も脳天気ではない。

諭鶴羽神社の本当の御祭神

これが祝福だったとわかったのは、その後諭鶴羽神社の宮司様や福祉乗馬クラブの理事長さんに別れを告げてから2時間半ほど経ち、山陽自動車道の岡山インターに差し掛かったときだった。

諭鶴羽山から下りてきたタイミングで、東京の秘書から借りている真っ赤なロードスターのカーナビの目的地を、岡山市内の僕の家に設定した。諭鶴羽山は淡路島の南部にあるため、高速道路に乗って鳴門海峡大橋を渡って四国の徳島から高松道を経由して坂出まで走り、そこから久し振りに瀬戸大橋を通って岡山に入る最短コースにしようと思っていたところが、カーナビが自動検索した帰路もやはり四国経由になっていた。カーナビの指示のままに下道を走り、インターチェンジ入口に進入していくとき、「四国・徳島」方面を示す大きな矢印が右方向へ延び、カーナビの女性の声もまた、

「まもなく右折です、右折です」

と繰り返す。もちろん、僕の頭の中でも今日は四国経由で岡山に向かうため、インターの料金所ＥＴＣゲートを通過したときには「四国・徳島」方面を示す右向きの矢印に沿って淡路高速道路の下り線に入っていくつもりだった。

ところがだ！　どういうわけか僕の腕はロードスターのハンドルを左に回してしまい、「神戸・大阪」方面を示す左向きの矢印に沿って上り線に進入していく!!　すぐに間違いに気づいたものの、高速道路の逆走は御法度だ!!　うっかりミスを修正しようと再計算したカーナビは、次のインターで高速から下道に降り、すぐにインターに戻って四国方面行きの下り線に復帰させようと指示を出してきた。僕もそれに従って次のインターを利用してＵターンしようと考えていたのだが、次のインターに差し掛かったときにもなぜかカーナビの指示を無視してそのまま淡路道上り線の神戸方面へと走り続けてしまった。

その次のインターでもカーナビのＵターン指示を無視してからは、もはや三木ジャンクションからいつも利用する山陽自動車道へと入り、勝手知ったる道を真っ直ぐ岡山インターまで走って帰る経路が示されるようになった。結局のところはいつもどおりの風景を眺めながらの帰路ドライブとなったわけで、眠気と闘いながら単調な高速道路を西へと向かっていく。

それから1時間ちょっと、最後の長いトンネルを抜けて、まもなく岡山インターに到着するというタイミングで前方に光っていた電光掲示板に記されていた道路交通情報を見た僕は、アッと息を呑んでしまった。なぜならそこには、

「本日強風のため瀬戸大橋通行止め」

という赤色の警告が大きく光っていたからだ。

そう、もし淡路島南部のインターから僕の考えのとおり、そしてカーナビの指示どおりに右折して淡路道下り線に入って四国へと渡って坂出へと向かっていたなら、瀬戸大橋の手前の四国側で足止めを喰らってしまい、岡山には戻れなかったのだ!?

だから僕がそんな悲惨な状況に陥ってしまうのを阻止するために、神様が南淡インターで僕の潜在意識をとおして両腕の筋肉に働きかけてハンドルを左に回して神戸方面へと導いて下さったわけだ。諭鶴羽神社の神様に呼ばれて立ち寄った僕を、神様が本当に祝福して下さったに違いない。岡山インターを降りて、いつもの慣れた下道を

通って岡山市内の自宅に無事到着した僕は、諭鶴羽神社の神様である伊弉諾尊、伊座冊尊の二柱に向かって深々と頭を下げた。

しかし、物語はそこで終わりではなかった。

その数ヶ月後の夏の日のことだ。四国にある由緒正しい立派な神社の宮司様の娘さんとその息子さんを淡路島の福祉乗馬クラブへとご案内したとき、以前僕にこのクラブを紹介して下さった徳島の愉快な内科医の先生がわざわざやってきて、一言ポツリと残していった。

「神社庁は勝手に諭鶴羽神社の御祭神を伊弉諾尊と伊座冊尊にしていますが、本当の御祭神は神武天皇なのですよ」

これを聞いたとき、僕は頭の奥底に閃いた、あるいは天から降ってきたひとつの考えに至った。

「そうか！　あの御神事のときの唸り声は、本当に神武天皇が神降ろしで具現化していたのか!!」

御神事の結界の中に現れた神武天皇は、人間としての存在になって初めて発声した言葉「アヤワナン」の重要さにまったく気づく様子のないこの僕に再度のチャンスを与えるために、わざわざ御祭神として祀られている諭鶴羽神社に僕をお呼びになり、神の御業の一端をお示し下さったのではないだろうか。

やはり神様は偉大だ。

富士山麓で神様に助けられた話

富士山の諭鶴羽神社はどこだ⁉

ある春の日、2合目より上はまだ雪に閉ざされていた富士山を至近距離から拝むため、僕は愛車ミニクーパーを山中湖畔まで飛ばしていた。新型コロナウィルスによるパンデミック騒動のおかげで高速道路だけでなく湖畔の道も空いていた上に、初めて宿泊したリゾートホテルの客もまばらで、僕にとっては実に快適なストレスフリーの旅になった。雄大な富士山の姿こそ初日に到着した夕方にしか見ることができなかったが、ちょうど満開の桜に彩られた富士の裾野をミニクーパーで走り回るのは気分がいい。

おまけにその夜に入ったフレンチの店のホワイトアスパラガスのソテーが絶品で、フランスはロワール地方の白ワインとの相性も抜群だった。ソムリエ氏にもチョイスを褒めていただき、気分はますます怖いもの知らずだ。

ところが、しかし！　やはり好事魔多し……なのか、ふと夜半に目覚めると、かなり強い雨音がしていることに気づいた。えーっ、翌日は富士の裾野に点在する浅間神社を7社ほど訪ねる予定なのに、これは困った！

実は、前項で述べた淡路島の諭鶴羽神社に呼ばれた話には書かなかったのだが、諭鶴羽神社に行く直前に、僕は福祉乗馬クラブの会長さんたちにとある場所へと連れて行っていただいていた。神社より少しだけ高い諭鶴羽山の山頂に位置するその場所には、諭鶴羽神社の岩座があった。その大きな岩は日本列島の中央構造線が地表に現れてきた場所であり、その意味でも諭鶴羽神社は日本にとってとても大切な役目があるそうだ。

そして、諭鶴羽山が中央構造線の西の要ならば、東の要は霊峰富士山となっていると教えられた僕は、理事長さんたちに気軽に聞いてみた。では、富士山において諭鶴羽神社に相当する神社はどちらなのですか、と。意外な質問だったのか、理事長さんたちは一瞬目を丸くして互いに顔を見合わせた後、根っからの大阪弁で、

「そらー、浅間神社ちゃいますか?」

とおっしゃった。確かに富士山信仰や富士登山の安全祈願が必要だった方々が口々におっしゃっていたのは「浅間神社」という名前だったことを思い出した僕は、

「なるほど、ここ中央構造線の西の要である諭鶴羽山の護りが諭鶴羽神社であり、東の要である富士山の護りは浅間神社ということですね」

と、納得した。

気のいい理事長さんは、

「そうですよー、次は是非富士山の浅間神社に行って下さい。そうすれば、日本列島は安泰ですよ」

と返してくれたのだ。

というわけで、このときから僕は富士山の近くに行くことがあったなら、浅間神社に立ち寄ってお詣りさせていただこうと心に決めていた。それが意外にも早く富士の裾野にある山中湖までやってくるチャンスに恵まれたので、今回是非とも浅間神社に参拝に行こうと考え、あらかじめ情報を集めるためにネット検索をした。ところが、

調べてみると富士山の裾野だけ見ても「浅間神社」という名前の神社がうなるほどあるではないか！

富士吉田の浅間神社や富士登山道北口にある浅間神社は全国的にも有名のようだが、その他にも大小幾つもの浅間神社があって、いったいどの浅間神社が諭鶴羽山における諭鶴羽神社のような富士山の守り神の御社であるのか、まったくもってわからない。

そこで思い立ったのが「下手な鉄砲も数撃ちゃ当たる」方式で、山中湖畔滞在2日目の午前と午後を使ってできるだけ多くの浅間神社を巡っておこうという作戦だ。山中湖畔でミニクーパーのエンジンを始動した直後にカーナビの目的地検索のキーワードに「浅間神社」と入力し、距離の近い順に表示させたところ、30キロメートル圏内でも10社以上もの「浅間神社」がひしめき合っていることがわかった。ということで、画面表示されたリストの上から順番に7社ほどの浅間神社をお詣りすることにした。

「忍野八海」と北斗七星の結界

幸いにも夜半からの雨は朝にはほとんど止んでいて、これなら傘さえさせばほとんど濡れることはなさそうだった。最初に行った浅間神社のすぐ近くには観光客用の駐車場が幾つもあり、それぞれに駐車料金を入れる金属製の貯金箱のような収納庫が柱の上に取り付けられていた。見ると「忍野八海《おしのはっかい》」という名称のユネスコ世界遺産とのことで、同行してくれた霊感の強い秘書の興味は、どちらかというとその忍野八海という不思議な名前の場所に向かったようだった。この浅間神社での神主さんの応対が実に素っ気ないものだったことに加えて録音した雅楽を絶えず流し続けていることもあり、ここは違うと直感した我々は途中で踵を返し忍野八海のほうに歩き始めた。

ミニクーパーを駐めていた場所には小さな道案内図が掲げられていて、見るとこの忍野八海は自然にできた富士山の伏流水が湧き出る8個の小さな池のことだとわかった。しかも、8個のうちの7個の池の配置がちょうど北斗七星の並びの形になっており、残りの1個の池はちょうど北斗七星が指し示す北極星の位置にあるという。陰陽師の「禹歩《うほ》」の原点が大自然によって用意されていたことと同様の何かを感じた僕は、小雨の中を秘書とともに北斗七星の形をなぞるように歩いて7個の小さな池を巡ってみた。

満開の桜並木になっている清流の土手なども通るため、自ずと身も心も洗われるかのようだった。この忍野八海がある地区は昔からの富士山信仰における神官役を果たした「御師《おし》」と呼ばれる人たちが拠点にしていて、だからその名前が「忍野村《おしのむら》」になったのだという。そして、江戸時代に御師を指導して神道の御作法を伝えたのが白川伯王家だったという事実からしても、この忍野八海は単に大自然の営みの中で生まれたものであるだけではなく、そこに神謀り的な働きがあったのだろうと思えた。

そんな特別な北斗七星の結界が指し示す北極星（天帝）の位置にある8番目の池にも是非とも行ってみたいと考えた僕は、秘書を助手席に乗せたミニクーパーで走り始めたのだが、すぐに道を失ってしまった。しかし、さすがはマリア様のお墓やキリスト神社を見つけ出してくれた巫女役の秘書。彼女は見事なナビゲーションでちゃんと8番目の池まで導いてくれたのだった。実はその池が一番大きい池で、奥にはちゃんとした神社も建立されており、天帝と崇められた北極星の位置にあるに相応しい霊妙な空気に包まれていた。

古老が語る天皇陵での奇跡

忍野の浅間神社は残念だったが、忍野八海に北斗七星の結界を見つけるというそのマイナスをカバーして余りあるほどの成果を得た我々は、その気分の高揚を維持したまま、次に「北口本宮冨士浅間神社」へと移動した。

そこは古来、富士登山の重要な出発点のひとつとなっていて、御社の造りも鎮守の森の広さもひときわ目立っていた。本殿の裏から延びる富士登山道の脇には奥宮もあり、さらに富士山の麓から登っていったところには、これまた富士山の伏流水を集めた美しい滝が人知れず流れ落ちている。これから富士山頂を目指して登っていく信仰厚き人々にとっては、絶好の禊ぎ場となっていた秘境に違いない。

ここもまた、秘書の直感に頼らなければたどり着くことのできなかった場所であり、その意味でも我々が目指した浅間神社はこの北口本宮冨士浅間神社だったのではないだろうか。そう納得した僕は、ここで今回の浅間神社探訪に終止符を打とうとも考えたのだが、カーナビ検索に引っかかった浅間神社はまだ5社ほど残っていた。この日は他には何も予定を入れていなかったので、遅めのお昼を食べてから残りの浅間神社巡りを完遂することにしたのだった。

こうしてたどり着いた何番目かの浅間神社で、僕はまさに神様に物理的に救われるという奇跡を体験してしまった。これについては、以前古い天皇陵を訪れたときに管理人の方から聞いた話と共通したところがあるので、まずはそれからお伝えしよう。

その御陵は山の頂上付近を利用して造られた古代の古墳であり、いつもは立ち入り禁止となっている宮内庁管轄地となっている。その中の下草の除去や木々の手入れ、無断進入者の監視などを長年の仕事としている古老の管理人が現場で詳しく語ってくれた話によると、この御陵に眠る天皇霊がその管理人の身体に物理的に働きかけて危険から守って下さったことがあるのだとか。

それは次のような状況だった。その日は山頂下の細い道を、草を踏みながらいつものように歩いていたそうなのだが、右下が崖になった際に差し掛かったところで、急に後ろ襟をものすごい力で後ろに引っ張られたのだという。草の生えた細道の右端、これまで何十回も足を置いたことのあるその場所に右足を踏み出した瞬間のことで、管理人の方は右足を右前方に踏み出すことができず、とっさに後ろを振り向く形で後ろ側に右足を出して踏ん張ったそうだ。

誰かに背中側から引っ張られたのだと考えて後ろを注視するも、そこには誰も立っておらず、ただ空間が陽炎のようにゆらゆらと揺れているだけ……。そして彼は、それが御陵の主である天皇霊に違いないと確信したのだという。なぜなら、本当ならいつものように右足で踏みつけるはずだった崖っぷちの草むらを落ち着いてチェックすると、草の下にあったはずの土が崩落してしまっていて、そこに足を置いたとたんに崖下に転落してしまう状況だったということがわかったからだった。そう、日頃から献身的に働いて御陵を見守っている管理人の危険を察知した天皇霊が、その管理人を危機一髪のところで救って下さったのだ。

奇跡の体験、神様の物理的な力

このように、お隠れになった天皇の御霊が御陵や神社の境内で実際に物理的な力を発揮して人々を助けて下さるという話は、この管理人の方以外にも何人かの方々からの伝聞として僕も耳にしたことはあった。それが、まさか今回の富士山麓に広がる浅間神社探訪の中で、この僕自身の生身の体で体験することになろうとは……。

何番目かに訪れた浅間神社（サムハラ神社のように僕がご紹介することで多くの皆さんが押しかけることになるのを避けるために名前と場所は伏せておく）は、鳥居を潜ったとたんに境内が実に精妙な霊気に満たされていることがわかる。霊感の強い秘書が見ると、本殿の裏から鳥居へと真っ直ぐに延びたレイラインがあるとのことだ。

鈍感な僕でさえ後頭部にチリチリとした感覚を得ていたため、喜んだ僕はそのレイラインに沿って本殿やその裏のパワースポットの写真を撮っておこうと考え、デジカメを構えた。本殿と拝殿の前からは真っ直ぐな石畳の通路が鳥居までかなり長く延びていて、僕はその石畳の上に立ってファインダーを覗きながらシャッターを切っては後ずさり、またファインダーを覗いたままでゆっくりと後ずさりしてレイラインが目立つアングルを一心に探していた。

もちろん、時々は後ろを振り返ってまだ鳥居までは真っ直ぐな石畳が平らに続いていることを確認していたし、他には誰も鳥居から歩いてきていないこともチェックしていた。そうして、ファインダーの中のアングルに本殿裏から出ているレイラインをできるだけ入れ込むことができるようなベストポジションを求め、僕はファインダーを覗きながらゆっくりと後ずさっていったのだった。

そして何歩目かに右足を1歩後ろに送った直後、僕の身体が突然背中から後ろに向かって倒れ始めた。まるで時間がとてもゆっくりと流れているかのように、自分の身体がスローモーションで後ろに傾いていくような感覚の中、一瞬後ろを振り向くと、その石畳の通路が途中で3段分だけ石段になって下がっているのが見える。どうやらそれに気づかずにその石段の部分を踏み外したせいで今まさに転んでいるらしい、と僕は倒れながらも頭の中で考えていた。

以前、五島列島の無人島で崖から転落したことのある知人が教えてくれたのだが、不意に落下し始めたときには時間が極端にゆっくり進むように感じ、崖の途中の木の枝に引っかかって止まるまでのほんの1秒ほどの落下時間が数分間の長さに感じられたそうだ。そして、この浅間神社の石畳の通路の途中にあった3段の石段に気づかず、背中から後ろに向かって仰向けに転倒したときの僕もまた、ほんの1秒足らずの落下時間をまるで数分間だったと感じるほどに実に多くのことを考えることができた。

例えば、そのとき手にしていたのは使い始めたばかりのズームレンズ付きの高価なデジカメだったのだが、落下途中にまず考えたのはこの新品のデジカメを壊すわけにはいかないということだった。そこで真っ先にしたことは、そのデジカメを両手でしっかりと握り締め自分のお腹に押しつけるようにした上で、そのデジカメが離れていかないよう首を最大限前に曲げて自分のお腹を注視すること。同時に、そんな姿勢を取ることで後頭部を石段下の石畳に打ちつけることだけは避けられるかもしれない、とも考えていた。

さらには、直前まで降っていた雨で石畳にも泥水が溜まっているだろうから、新調したばかりのお気に入りの革ジャンの背中が汚れてしまうだろうということに加え、もし合気道や柔術で慣れた後ろ受身を取れば、革ジャンの背中と袖を石畳で擦ってしまうことになり、傷がつき最悪破れてしまいかねない、という考えまでもが浮かんでいた。それに、後ろ受身をするとなるとつい両手あるいは片手で地面を強く叩いてしまうが、そうすれば手から離れたデジカメは石畳の上に落ちて壊れてしまう。それだけは絶対にやってはいけないと考えた僕は、後ろ受身を自分で封じることに決めたのだ。

そんな細かいことまで考えることができるほどに、石段の上から下まで背中から倒れていく時間は極端にゆっくりと流れていったと感じたのだが、実は当の本人である僕以外にもそれに気づいていた人がいた。そう、霊感の強い秘書が、本殿に近い少し離れたところから、僕が石畳の通路をカメラを構えたままで後ずさっている様子を見ていたのだ。彼女から見ても鳥居まで続いていた石畳の通路の途中に石段があるとはわからなかったので、後ずさっていた僕の身体が突然背中側に倒れ込んでいく様子が目に入ったとき、

「危ない!!」

と声をかけてくれるほど驚いていたのだが、彼女も次の瞬間から時間がゆっくりと

流れ出したかのように感じ、石畳の上に僕の身体が背中から倒れ込む場面もスローモーションで見えていたのだとか。しかも、彼女の目には僕が背中から転んだ直後、見事な受身ですぐに何事もなかったかのような顔で立ち上がってきた映像が映っていたのだという。

急いで僕のほうに駆け寄ってきてくれた秘書は、

「さすが！　上手な受身ですね！」

と笑顔で話しかけてきたのだが、当事者の僕も不思議なことに後頭部や背中はおろか、身体のどこにもまったく痛みがないだけではなく、背中や腰やお尻が石畳の上に落ちたときの衝撃や違和感さえもまったく残っていなかったのだ。

落下しながら最後に考えたことは、当然ながらすぐに訪れるはずの背中や腰あるいは後頭部を石畳に打ちつけられる衝撃と痛みに耐える心構えをしておくというものだった。

ところがだ。背中や腰に痛みが走るどころか、僕が感じたのはまるで真綿のクッションにくるまれて着地したか、あるいはまるで神様の御手に背中側から抱かれて空中に浮いていたかのようなものだった。

　立ち上がってすぐに新調したばかりの革ジャンを脱いで背中側や袖をチェックしてみたが、透明な水が少しついていただけでどこにも傷や染みなどはできていなかった。ジーンズのお尻の部分も綺麗なままで、本当に石畳の上に倒れ込んでしまったのか自分でも確信が持てなかったほどだ。

　周りでは秘書だけでなく境内のすぐ外の道路工事をしていた数人の男性全員が手を休めて心配そうに僕のほうを注視してくれていたのだが、どうやら僕が怪我をするどころか、まるで何事もなかったかのように立ち上がって連れと話をしているのに安心したようで、笑いながら仕事を再開していた。

　そんな周囲のことも転倒途中から続けて把握できていたのにも驚かされるが、ともかくこのときは時間も空間も変容してしまったかのようだった。物理学者の僕がそう強く感じたのだから、やはり神様はいざとなればこの世界に物理的に働きかけてでも助けて下さるものなのだ。

　やはり神様は神様ですね。ほんま。

神様の御褒美UFO

UFOの目撃が減ったわけ

さて、このメールマガジンの読者の皆様であれば、1回や2回くらいはUFOを目撃されたこともおありだろう。この僕はといえば、もちろんあちこちでカミングアウトしてきたように、小学校2年生のときに岡山市上空を東に向かって飛行中の葉巻型UFOのオレンジ色の機体を目撃している。それからというもの、一生涯を賭してUFOと宇宙人の真相を明らかにしようと心に決めてきたのだ。

そんな僕であっても、実際にUFOを見た経験は、小学校2年生の初めてのときからはだいぶ間隔が空いてしまい、30年以上経ってからの時期に集中している。指折り数えてみると10回程度にすぎないことがわかるが、それでも日本人の平均からするとかなり多い回数なのではないだろうか。

あの矢作直樹先生ですら、僕と知り合う、今から10年ほど前までは一度もＵＦＯを目撃したことがなかったとのことだ。そう知らされた僕は、

「それならＵＦＯを見せてあげよう」

などと大見得を切って、我が岡山県におけるＵＦＯのメッカと目される県北の蒜山高原にお連れしたこともあった。先に述べたとおり、幸いにもこのときは無事にＵＦＯが上空を乱舞してくれ、矢作先生にも大変喜んでいただけたのだ。

世の中には意図的に念じることでＵＦＯを呼ぶことができる人もいらっしゃるようだが、僕にはそんな芸当は無理な相談。ＵＦＯが出現してくれるのは、どうも先方、つまり宇宙人の都合に照らし合わせて必要なタイミングであるようで、決して僕の希望や考えに従っているわけではないと思われる。

それでも計10回ほどは姿を現してくれたわけで、ひょっとすると僕が気づいていなかったときにも現れてくれている可能性を少し加味すれば、これまでに15回程度ＵＦＯ遭遇を体験しているのかもしれない。

それに加えて、僕が直接にお会いしたことのある友人や知人の中で実際にＵＦＯを

見たことがある人の数は延べ数十人に上る。その中にはＵＦＯに乗せられたという青森の奇跡のリンゴの木村秋則さんや高知の高校教師の別府進一さん、さらには蒜山高原にある別荘の庭に着陸したＵＦＯのハッチが開いて乗り込むように促された岡山の年輩の女性や、眠っている間に自宅上空にホバリングしていたＵＦＯの中に牽引《けんいん》ビームで引き上げられたところを近所の人に目撃された兵庫の男性なども含まれている。

もちろん、ＵＦＯ出現は日本に限られているわけではなく、アメリカやヨーロッパにいる知り合いまでも含めれば、その数は延べで総計１００人を超えることになり、今さらながらＵＦＯ現象の数の多さに驚いてしまうのも事実だ。

ところがだ。僕が最後にＵＦＯを目撃したのは、新型コロナウィルス感染が始まるよりも前のことになる。最近ではＵＦＯにお目にかかることはまったくなくなってしまったのだ。ひょっとするとＵＦＯに乗った宇宙人は感染拡大が続くヨーロッパからアメリカ、そしてアフリカやインドといった地域に集中して出現しているため、この日本ではあまり目撃されなくなったのではないかと考えたこともある。なぜなら、ＵＦＯがよく現れるのは、原発事故や核実験に加え、人間が武器を使用して争うときや人為的なパンデミックによって多くの人々が命を落としていくときなどに集中しているからだ。今回の新型コロナウィルスが生物化学兵器コロナウィルスとして開発されたものであることは既に明らかになっているから、宇宙人がその成り行きをＵＦＯから注視していることは確かだろう。

新型コロナウィルス感染が日本ではまったく騒がれていなかった頃であれば、とにかくすぐにでもＵＦＯを見たいという人がいれば、僕は京都の木屋町や先斗町のお店にお連れしたものだ。鴨川側の窓縁やテラスあるいは川床などに陣取って比叡山の右上あたりの夜空を眺めてワインでも飲んでいれば、一晩に数機のＵＦＯを目撃できるのが常だった。さらに岡山市内中心部にある米軍の弾薬庫の上空に至っては、ほぼ毎週の木曜日夜に青緑色の葉巻型ＵＦＯが出現していた。

それなのに中国の武漢で最初の新型コロナウィルス感染が報道されてからというもの、日本上空でのＵＦＯ目撃談が急に減って、３・11東日本大震災でメルトダウンを起こした福島第1原発上空くらいでしか頻繁に見ることがなくなってしまった。

輝く星空と特別なＵＦＯ

　というわけで、僕自身もここしばらくはＵＦＯに出合うこともなく、その意味では少し物足りない日々を送っていたのも事実だった。

　それが、やっと、というかついに、本当に久し振りにＵＦＯが目の前に出現してくれたのだ！　しかも、それはどうも神様からの御褒美だったようで、久し振りに見せてもらえた、何か懐かしさに包まれたＵＦＯだった！

　えっ⁉　何の御褒美だったのかって……⁉

　それは、富士山麓を巡っているうちに意図しないまま富士山に向かって北斗七星の結界を張ることができたことへの御褒美だったと、僕はそのとき直感した。なぜなら、前項でお伝えした「忍野八海」を巫女役の秘書と一緒に歩いた翌日のことだったからだ。しかも、同じ日には富士山麓の浅間神社を無事に参拝し、淡路島の諭鶴羽山と諭鶴羽神社へと日本列島の中央構造線を一直線に結ぶレイラインをおつなぎするお役目を無事に果たすことができたわけだから、神様がすぐに御褒美を下さっても不思議はなかったのだ。

それに、そもそものときのＵＦＯ出現の様子がこれまでとはかなり違っていて、まるで僕を激励してくれるかのような現方だったことからも、そう結論づけられるだろう。それは、次のようなものだった。

忍野八海を訪れた翌日、山中湖畔を離れてすぐに東京に戻ってもよかったのだが、富士山を近くから拝んだ直後に都会の雑踏の中に戻るのをストレスに感じた僕は、そのまま東京中心部を通過して千葉の香取神宮と茨城の鹿島神宮を参拝し、さらにはその足で犬吠埼《いぬぼうさき》へと愛車ミニクーパーを走らせた。

周囲を山と島々で囲まれた瀬戸内海にのみ接する岡山で生まれ育った人間は広大な水平線から昇ったり沈んだりする朝日や夕日を目にする機会がないので、富士山を拝んだ後には是非とも太平洋の水平線をパノラマで望もうと考えたのだ。幸いにも新型コロナウィルス騒動のおかげで犬吠埼のホテルもどこもほとんど客がいない状況だったために、眼下に１８０度広がった太平洋を望む２部屋をゲットすることもできた。苦手な魚介類の日本食を白ワインで流し込んだ後は、巫女役の秘書とそれぞれの部屋で旅の疲れを癒すために早々に眠りに落ちた……はずだった。

ちょうど花冷えする時期だったため、夜はかなり冷え込んでいたのだが、夜中にふと窓の外を見ると秘書が一人で夜空を見上げている姿が目に入った。いったいどうしたのかと気になった僕も上着を羽織って外に出てみると、そこは満天の星空の下だった。聞けば、山間部で生まれ育った秘書はこれまで四方を囲む山の稜線から上に開いた狭い星空しか見ることがなかったそうなのだが、この犬吠埼からは本当に水平線の上から何も遮るもののない全天に丸く広がった満天の星空が見えたので、もうかれこれ1時間以上も星空を眺めていたとのこと。

それを聞いた僕も夜空を見上げてみると、本当に子どもの頃に見ていた無数の星々が宝石のように輝く星空が広がっていた。その日が雲ひとつない快晴だったのに加え、世界中での新型コロナウィルスパンデミックのおかげで、それまで毎日何千便もの旅客ジェット機が大気中に撒き散らしていた排気ガスがなくなり、大気の透明度が高くなっていたからだろう。こうして、それからさらに2時間ほどにわたって、僕も秘書につき合ってその素晴らしい星空を眺め続けていた。

少し経った頃に東の水平線から雲が湧き立ってきたように見えたため、せっかくの美しい満天の星空がこれから雲で覆われてしまうと、僕は大変残念に思って秘書に伝えた。ところが、それに早撃ちのように反応した秘書が早口で教えてくれたことによれば、水平線から湧き立ってきた白い雲のようなものは何と、天の川だった！

そう指摘されて目をこらしてみると、確かに、さっきまで水平線からボンヤリと雲が湧いてきたと思えていた白く明るい帯状のものは、真夏の夜に天頂付近に輝く天の川そのものだった。それから1時間ほど経って天の川が東の水平線から15度ほど上がった位置まで動いてくると、はっきりとしたその全貌を見ることができ、僕の脳内には昔大学の天文学科にいた頃に覚えていた全天の星座の配置までもが蘇ってきたのだった。

白鳥座や琴座は言うに及ばず、牡牛座からカシオペア座までもがはっきりと見て取れ、カシオペア座のWの字型の星々からはアンドロメダ座の位置も見当がついた。そのあたりにあるはずの、しかし僕の視力では肉眼で見ることのできないアンドロメダ星雲に思いを馳せていたとき、ふと魂の叫び声が心の中に湧き出てきた。

「おーい、もうそろそろ地球を離れてアンドロメダ星雲の母星に帰還させてくれよ、頼むぞー!!」

何冊かの本でカミングアウトしたように、2人の霊能力者の女性から、僕の魂は元々アンドロメダ星雲に属する星で生まれ、この天の川銀河系の中のシリウス星系を経て地球にやってきたのだと指摘されたことがある。そんなこともあって、このときの僕はアンドロメダ星雲があるはずの方向に向かって弱音とも聞こえるような正直な気持ちを、秘書には聞こえないように無言で念じていたわけだ。

すると、どうだろう。まさにそのアンドロメダ星雲があるはずの星空の一角に、赤色と白色に光る三角形がクルクルと回転する飛行物体が突如として姿を現したのだ。隣で星空を見上げていた秘書もすぐにそれを見つけて、

「あ、あれUFOじゃないですか!?」

と声をかけてくる。僕がすぐに、

「そうそう、UFOだ。しかもアンドロメダ星雲にある僕の母星から地球に来ているUFOのはずだから、手を振ったら着陸して乗せて連れ帰ってくれるかもしれない

よ」

と答えると、秘書は大きな動作で手を振りながら、

「私も一緒に連れてってー!!」

と念じていたとのこと……。

ところが、どうもこの地球上での我々のお役目はまだ終わっていないようで、その三角形型ＵＦＯは数分間アンドロメダ星雲の方角に停止した後、スーッと消えてしまった。トホホ……。

まあ、まだやり残していることがあるということは、この先も少なからず面白い展開が待っているということに違いない、と気を取り直す。ふと腕時計を見るともう3時になっていた。東の太平洋から朝日が昇るのが5時頃だから、1時間半ほど仮眠を取れば水平線に顔を出す太陽を拝むことができるはず。そう考えた我々はいったんそれぞれの部屋に戻り、日の出の時間に再びこの場所に集合することにした。

むろん、そのまま横になったのでは爆睡してしまうと思った僕は、モーニングコールと目覚まし時計の両方をセットした上で部屋のソファーに座ったまま眠りにつく。

そのおかげで、何とか日の出前に再び東の水平線を望む場所に立つことができた。

雲ひとつない晴天の空が徐々に明るくなっていき、東の水平線上の一点が緑がかったオレンジ色に輝いた瞬間、太陽が顔を出してくる。初めて見る広大な太平洋での御来光は荘厳そのもので、その12時間前に眺めることができた西の水平線に沈みゆく夕日の煌めきの記憶とともに、この地球に生きている幸せを噛《か》みしめることができたのは本当に幸運だった。

さらには数時間前に頭上で展開されていた天の川を跨《また》ぐ星々の大叙情詩に登場したUFOの姿までもがリアルに蘇ってきたそのとき、顕在意識の中ではもうとっくの昔に忘れていた「宇宙荘厳の詩」が頭の中に響き渡った。

一、
荘厳きわまりなき自然
悠久きわまりなき宇宙
立ちて仰げばあおぞらに

銀河ながれて星無限
二、
かみの叡智はきわみなし
かみのちからは限りなし
星と星との空間を
ひく糸もなくひく不思議
三、
不可思議不可知科学者も
なにゆえ万有引力が
あるかをしらずただ神秘
万有むすぶは神のあい
四、
ああかみの愛かみの愛
宇宙にみちて万有を

むすびあわせて荘厳の
宇宙いまここけんげんす
五、
もし愛なくば荘厳の
宇宙げんぜず美しき
人と人とのむつまじき
むすびの世界あらわれず
六、
われらいのちの本源を
神にみいだし神の子の
愛のいのちを生きんかな
神のいのちを生きんかな

やはり神様が創られたこの世界は素晴らしい。

巫女として生まれてきた秘書!?

前項で述べたとおり、広大な太平洋の水平線に沈む夕日と昇ってくる朝日を見ることができる場所に行きたいと思った僕は、さほど深い考えもなく何となく千葉県の犬吠埼に向かった。まだ一度も参拝したことのなかった香取神宮と鹿島神宮にお詣りしてから立ち寄ることができる、太平洋を望む場所というだけで見当をつけたのだが、香取大明神の御導きがあったのか、たまたま選んだそこは正月に日本で一番早く御来光を拝むことができるというパワースポットだった。

「いや、北海道の東端のほうが経度が東に寄っているわけだから、日本で最初に日の出を見ることができるのは北海道の東岸のはずでは?」

とお思いの方もいるだろうか。実は地球の自転軸が歳差運動をして傾いているために、元日に日本で太陽が一番早く太平洋上に顔を出すのは、北海道東岸ではなく犬吠埼の近くということになるのだ。当てもなく単にフラリと立ち寄った場所がそんなパワースポットだったというのも、本当に神様の御導きがあったからだとしか思えない。

そこで目に焼きつけた荘厳な日の入りと日の出と、全天に煌めく天の川を取り巻く星々を背景にしてアンドロメダ星雲の方角に出現した三角形型ＵＦＯとの遭遇。これらがもたらした衝撃の余韻に突き動かされる形で、その後も僕は講演や取材で各地に出向く度に空と海を一望することができる場所を探すことになったのだった。

太平洋や日本海に陸地側から突き出した岬の先端部分からは、２７０度にまで広がった空と海の大パノラマを見ることができる。各地でそのような場所を探すわけだが、僕はなぜかその中でも、古くから祀られている神社が人知れずたたずんでいるところに引き寄せられてしまう。特に能登半島や伊豆半島にはそのような岬が多数あり、四国では足摺《あしずり》岬や室戸岬が有名だ。その他にも志摩半島や男鹿半島など、様々な神話や伝説に溢れた場所も少なくない。

まったく意図せずにそんなパワースポットに導かれることばかりが続くのは、決まって岡山の秘書がついてきてくれるときだ。この娘は巫女として生まれてきていたのかもしれない。何せ、僕が以前から複数の著書の中で「麻布の茶坊主」と呼んでご紹介してきた予言者の方からは、

「自分は小説以外の本を3万冊読んでからこの不思議な能力が現れたのだが、この娘は3000冊読むだけで同じ能力を得ることができる！」

と太鼓判を押してもらえたほどなのだから。それから5年も経たずにこの秘書が3000冊を読み切ってからというもの、この娘の前ではまったく嘘が通用しなくなってしまった。だって、すべてお見通しなのだから……トホホ。

ちなみに、何年も前にご紹介して以来、どうすれば「麻布の茶坊主」さんに予言してもらえるのかという問い合わせが多数寄せられ続けている。このメールマガジンの読者さんで、ぜひ「麻布の茶坊主」さんに観てもらいたいという方は、「福茶カウンセリング」というキーワードで検索してみてほしい。そこに出てくる画面の中に「福茶カウンセリング」の受け方や申し込み方法が記されているので、それに従って予約を取っていただければ「麻布の茶坊主」さんの素晴らしい予言カウンセリングを受け

ることができる。

霊峰富士を望む絶景を探して

さて、話を空と海の大パノラマを望むパワースポットに戻そう。空と海だけでも大自然の荘厳さに感動してしまうが、そこにさらに霊峰富士が加わればもはや他の追随を許すことはない。まさに北斎や広重が描いた駿河湾から見た富岳絶景！　僕は偶然にもそんな最高の景色を写し出した一枚のポスターに出合ってしまった。

名古屋市内にあるJR中央線の千種《ちくさ》駅ホームに降り立った僕が、地下鉄東山線に乗り換えるために階段を下っていたとき、ふと目が止まったのがその壁面に並んでいた観光案内ポスターだ。それは静岡県の観光誘致のためのもので、露天風呂越しに碧い海、その向こう岸にある富士の霊峰を背景にして旅館の若女将のような着物姿の女性が微笑んでいるというもの。

まさに北斎や広重の浮世絵そのものというその写真に見とれてしまった僕は、いったいどこに行けばこんな光景を拝むことができるのか知りたくなったのだが、どうやらそれは静岡県の観光局が作った官製ポスターのようで、旅館の名前等は記載されていない。しかし、そうなれば余計に知りたくなるのが人情というもの……。

僕は日本地図に定規を当てて海の向こうに富士山が見える陸地を探し始めた。むろん、そんな場所はそんじょそこらに転がっているわけはなく、自ずと伊豆半島西岸に絞られてくる。しかし、見当をつけたあたりにはホテルや旅館が目白押し。しかもどれもが駿河湾から望む富岳絶景をアピールしていて、正直なところまったくの五里霧中だ。こうなったら直感か神頼みしかないわけで、その後は時間が空いたときに愛車ミニクーパーを駆って天城越えドライブと洒落《しゃれ》込んだのだ。

そしてそこは天に見放されたことのないこの僕のこと、強運にもトライアル2回目で見事にドンピシャの場所に当たったった。地元の小学校跡地から駿河湾の海の向こうに望む富士山の姿は、他のどの場所から眺めたものよりも心に染み入ったまま消え去ることはないだろう。

まさに「空・海・山」とも呼ぶべき大自然の調和の中に浸った後には、その昔に役行者《えんのぎょうじゃ》が修行したという絶壁の中腹に建立された由緒ある神社に呼ばれてしまった。もちろん、そんなものがあるなどとは知るよしもなかった僕と、同行してくれた岡山の秘書は、せっかく伊豆半島にまでやってきて遥かに広がる太平洋の水平線を眺めない手はないと考え、ただただいたずらに愛車のハンドルを握って海の大パノラマを目指しただけだったのだが。

単に遅めのお昼を食べるために立ち寄った地元の公共施設、我々はそこに掲示されていた観光地図で近くに小さな神社があるということを知った。展望台からほんの少し下った場所という感じだったので、まあ他に予定もないし腹ごなしの散歩がてら行ってみてもいいかという程度の考えで、まったく何も期待せずに歩いていった。

ところが、現地に行ってみると、そこは太平洋の荒波にもまれる断崖絶壁の中腹だったのだ。空中に飛び出るように設《しつら》えられた古い木造の御社と社務所をつなぐ廊下の隙間から真下を見ると、何と、白い荒波を蹴立てる大量の海水が立て続けに崖下の岩壁に激突しているではないか。まさに天空の神社と呼ぶに相応しいトンでもない場所に神社が建立された理由はといえば、この崖の中腹に開けられていた洞窟があの有名な役行者の修行場所だったということらしい。

四国の室戸岬にある御蔵洞《みくろど》で若き日の空海が修行したことはよく知られているが、まさに命懸けで崖をボルダリングしないことにはたどり着くことができないこの空中洞窟での役行者の修行に比べれば、そこらの洞窟での修行など、何とも普通の日常的行為としか思えないのも事実。そして、そんな断崖絶壁の中腹にあった修行場に空中楼閣のような神社を建立してしまった後世の無名の人々もまた、命懸けの努力を惜しまなかったわけだ。

さらに言えば、崖の岩を削って設えられた手摺りのある石段のおかげで、安全に神社まで行くことができるようになった現代においても、早朝から夕方まで古くて薄い板一枚で空中に浮かんでいる社務所に詰めて参拝者の便宜をはかって下さる神官は、やはり命懸けの日々を過ごしているとしか思えない。何せ、いつ床板が抜けてもおかしくない、いつ社務所自体が崩れ、崖下の太平洋に落下してもおかしくない、それほどまでに古い木造小屋なのだから……。

「神人」と神様の御縁

我々はといえば、そんな危険な神社からはさっさと離れ、そのまま岬の先端部分まで岩伝いに進んでいく。すると大きな岩下の隙間に設えられた小さな御社を見つけた。御社の屋根となっている岩の上部はしめ縄が張られた禁足地となっていたのだが、そこに金華山の岩座と同じエネルギーを感じ取った霊感の強い秘書は、あろうことか御社の上に足を踏み入れてしまったのだ。むろん、他には誰もいないタイミングではあったのだが、万が一他の参拝客がここまでやってきたらいけないと思った僕は、天空の神社からこの岩場までの経路を見張っていた。そして気づいてしまったのは、この大きな岩は社務所の窓口の奥に座っている神官からは何ら障害物なしに見通せるということ！　ヤバーーッ!!

禁足地の岩座に、よりによって若い娘が立っている姿が社務所の神官の目に止まったなら、もちろんただではすまないだろう。しかしそんな僕の心配をよそに、秘書は御神気を一身に受けて満足げ。幸いにも社務所前には何人かの参拝客が御守りを物色中だったために、神官もすぐには出られない様子だった。

ならば今のうちに社務所の前の細い通路をすり抜け、逃げてしまっておくのが大正解！　そう睨んだ僕は、何も気づかずに脳天気に楽しんでいる秘書を急《せ》かして歩かせた。社務所前にはまだ数人の参拝客がたむろしていたため、その背後に隠れるようにして通り抜け、岩を削って設えられた急な石段の手前で後ろを振り向いたとき、僕は我が目を疑ってしまった。すぐ後ろについてきていると思っていた秘書の姿がないのだ。

驚いて周囲を見渡してみると、何と!!　他の参拝客に混じって、御守りを物色しているのだ。よりによって、怒れる神官の目の前で暢気《のんき》に護符を選ぶなど、まさに飛んで火に入る夏の虫!!

さらにさらに……。秘書は数種類の御守りを手に取り、無邪気な笑顔でそれを社務所の窓口の向こうに座る神官に差し出したのだった。気の小さい僕の心臓がバクバクと音を立て始めているのも知らず、秘書は御守りの入った紙袋を受け取り嬉しそうに「ありがとうございまーす」などと礼を言っている。そんな秘書の肩を揺すってその場を早く立ち去ろうと合図していた僕が次に目にしたものは、窓口の中から秘書におつりを手渡した後、すぐに立ち上がって横の出口から彼女を追いかけるように飛び出してきた神官の姿だった!!

もう、僕は観念した。ここは取りあえず僕が前面に出て、神事のことなど何も知らない秘書がつい禁足地に足を踏み入れてしまったことをひたすらお詫びするしかない。そう覚悟を決めたのだった。だが、しかし！　神様は奇妙な番狂わせというか、大どんでん返しがお好みのようなのだ。何せこのときも、追いかけてきた神官の顔は怒りの表情などではなく、神妙な中にも笑みが浮かんだものだったのだから。しかも、その口からは実に柔和な声で信じられないような驚きの言葉が投げかけられた。

「どうやら神様の御縁をいただけたようでございますね」

そして、同時に差し出された神官の手を見ると、そこには綺麗な五円玉が2枚、金色に光っているではないか！　神様の「御縁」と「五円」の掛詞《かけことば》を使って、なぜかその神官は我々を叱ったり注意したりするどころか、逆に我々が神様から御縁を頂戴できたと讃えてくれたのだ。

半ば狼狽《うろた》えながらも、何とかしどろもどろに礼を伝えた僕とは対照的に、赤ん坊のように純真無垢なままの秘書の娘は、受け取った輝く五円玉を掌に乗せ、目をキラキラさせて神官に感謝の気持ちを伝えていた。

「ありがとうございます、大切にします」

その心地よい声音を耳にしたとき、僕はやっとすべてを理解することができた。そう、神社などの禁足地は人間が立ち入ってはならない場所ではあるのだが、この秘書の娘のように人間の世界よりも神様の世界に生きる「神人」に限っては立ち入ることが許された場所なのだ。現に、多くの神社で本殿の裏や岩座にある禁足地といえども、神社の宮司だけは立ち入ることが許されているわけで、長年にわたって神様にお仕えしてきた宮司もまた「神人」となっているからに違いない。

神社の境内が犬畜生といった獣が入れない場所となっているように、神社の禁足地は世俗にまみれた人間が入れない神聖な場所となっているのだ。そして、その禁足地に足を踏み入れることができるのは、まさに「神様の御縁」を頂戴できた特別な人間、つまり「神人」だけなのだ。

思えば、僕が真の予言者だと尊敬する「麻布の茶坊主」さんの素晴らしい神憑り的な能力は明らかに「神人」であるからこそ発揮できるものではないだろうか。そして3万冊もの本を読破することによって「神人」となった「麻布の茶坊主」さんが、

「この娘は3000冊読むだけで僕と同じ能力を得ることができる！」

と太鼓判を押してくれたこの秘書もまた、「神人」となっていたのだ。だからこそ、あの断崖絶壁の禁足地に立つことができ、神官から金色の五円玉を手渡され、「神様の御縁をいただけた」と教えてもらえたに違いない。

神様って本当にお見通しでいらっしゃる！

森と林は何が違うのか⁉

神様の居場所

ここでひとつクイズを出そう。

「森と林の違いは何でしょうか？」

さあ、おわかりだろうか。文字どおり森のほうが林より木が多い……とか？　では、木が何本以下なら林で、何本以上なら森なのか……。当然そんな数は決まっていない。そもそも森や林に生えている木の数など、実際には面積を基に概算するしかない。

岡山県北の城下町津山でのことだ。桜の名所として知られる城跡では、土地の人たちが「千本桜」と呼んでいた多数の古い桜の木が春になると目を楽しませてくれる。ところが、あるとき本当に桜の木が１０００本あるのかを疑問に思った風変わりな人がいて、自分で数えてみたところ７００本程度しかなかったことがわかった。それが地元の新聞やテレビニュースで報道されはしたのだが、未だに城跡の桜は「千本桜」と呼ばれ親しまれている。

このことと同じで、森と林の区別にそこに生えている木の数を用いるなどというのは、まさに愚の骨頂だ。「小森と大林はどちらが大きいのか？」などというバカげたクイズまで出てきかねない。

実は我が国では古来、森と林の区別ははっきりとつけられていた。それが近代化とともに薄れていき、今ではそんな区別があったことなどほとんど皆忘れてしまっているだけなのだ。

実は、まだ田舎に行けば使われている「鎮守の森」という言葉が、森と林の違いを説明する上でのヒントになる。

つまり、たくさんの木が密集した場所のうち、そこに神様がいらっしゃるところが「森」であり、神様がいらっしゃらないところが「林」なのだ。そう、要するに神様の存在の有無が森と林の違いというわけだ。

だから一見して林のような、あるいは繁みのような場所であっても、そこに神様を感じることができるのであれば、そこは森なのだ。反対に、いくら広大な森だと思える場所であっても、神様を感じることができなければそこは単に林に過ぎない。これが日本語における「森」と「林」の区別だ。

親子を導くウィーンの森

しかし、そうだと知っていた僕にとっても、そこに神様がいらっしゃるのかいらっしゃらないのかについては、まさに暗中模索。これまでの人生においても様々な森や林に立ち入ったことはあるが、そこで本当に神様の存在を感じたり、あるいは何らかの奇跡的あるいは超自然的な現象を目の当たりにしたりした経験はごくわずかだ。本項では、そのような僕の体験の中から幾つかをご紹介しよう。

とりわけ感動的だったのはやはり、世界的にもよく知られる「ウィーンの森」でのことだ。何せ、あのアドルフ・ヒトラーが貧しい画学生のときに、ウィーンの森で魔力を授かったという説まであるようなのだから……。

あれは2度目の定年退職直後の父親を連れて2週間で世界一周をしていたときのことだ。大都会ウィーンの喧噪《けんそう》を嫌った父と子は、空港でレンタカーを借りて郊外の村メードリンクにある小さなホテルに泊まることにした。行ってみてわかったのだが、そこはまさに広大な「ウィーンの森」の真っ只中。そこで起きた不思議な出来事については拙著『戦闘機乗りジイさんの世界一周　やってはいけない大冒険!!』(講談社)に記したのだが、残念ながら絶版になってしまったため該当部分をここで引用しておくことにする。

「おい、午後はどこを見物するんじゃ?」

突然に聞かれたのだが、もとより何も考えていなかった僕としては、ホテルに戻って昼寝でもと提案しようとしたのだ。だが、放蕩息子ののんびりとした口調の隙間を狙った親父殿の早口が炸裂する。

「音楽の題名にもなっとるんじゃから、ウィーンの街中じゃあのうてもっと上流に行けばドナウ川の水もきれいなんと違うんか」

旅の主役は、あくまで親父だったのだ、駐車場に止めてあった車まで降りてきたところで、レンタカー会社にもらったウィーン近郊の地図を調べると、ちょうどこのドナウ川の東岸を走るＡ２２というアウトバーンがあり、それを北上すると次第に西に傾いていってドナウ渓谷を通過する。確か、その辺りのドナウ渓谷には古い中世のお城が幾つもあり、清らかなドナウの流れと相俟って、観光地としても有名なはずだ。

再び親父を後ろの座席に座らせた僕は、近代的な国連の建物を左に見るところでアウトバーンに進入していった。だが、車は大渋滞に巻き込まれ、僕は這うように、しかも目的地とはかけ離れた方角に車を避難させることになった。がらにもなくドナウ渓谷の古城めぐりとしゃれ込んだのが災いの始まりと悟り、親父を説得して宿に引き上げるつもりで田舎道をウロウロしたあげく、気がつくとウィーンの南西にいた。

このままでは迷路のネズミと同じで、日のあるうちにメードリンクの宿に戻ることもままならぬ。そんな放蕩息子の目にとまったのは、天からの救い、アウトバーンへの標識。案の定、アウトバーンの入り口には左にウィーン、右にグラーツと道しるべがしてあった。

　ほっとした二人の親子は、むろんウィーンの方角へと車を高速道に滑り込ませた。しばらく流れに乗って走っていくと、晴天にもかかわらず突然雨が降り始めた。ドイツ語で何というのかは知らないが、いわゆる「狐の嫁入り」だ。そして、我々の目の前にアウトバーンをまたぐ大きな虹が姿を現した。虹に沿って眼下を見ると、そこには小さな村がある。僕は、この大自然の偶然の演出に身をまかす気になり、次の出口でアウトバーンを離れ、虹が沸き立つ麓の村へ向かうことに決めた。出口の案内標識を見ると、その村の名前はハイリゲンクロイツ。

　村は小さく、そのほぼ半分を大きな修道院が占めていた。僕は入り口近くに車を止め、親父を連れて修道院に入ってみた。中庭も回廊も、小さな村には不釣り合いなほど、大きく荘厳な佇まいだ。人の気配は全くない。中庭の向こうには、天を貫くような十字架を頂いた立派な教会があり、入り口は少し開いているように見える。中に入った二人の親子は、あまりの神々しさのため金縛りにあったかのように立ちすくんだ。

最後部の一般者用の礼拝椅子を残して、その先は全て鉄格子で遮蔽された修道士達の世界。その遥か先に位置する祭壇の両側には、それぞれ十人ほどの白装束の修道士達が静かに立って、黙想している。

ふと、静けさを破る鐘の音とともに、年輩の司祭が祭壇の前に現れ、ミサが始まった。驚くかな、修道士達の読み上げる教典は見事な歌声となって高らかに舞い上がり、教会に響きわたるのだ。初めて耳にするグレゴリオ聖歌に圧倒された僕は、切り取られた時空の中に漂い続け、ミサの終わりとともに現実へと舞い戻ってきた。礼拝椅子に座っていた親父もまた、別世界へと旅立っていたのだろうか。無言のまま、じっと鉄格子の遥か向こうの祭壇を見つめていた。畏敬すべき目に見えぬ真理を投げかけてくれる、ウィーンの森の不思議な魅力にとりつかれたかのようだった。

雲間から差し込む一条の光に導かれたハイリゲンブルートの教会でもそうだったのだが、ここハイリゲンクロイツの教会にも、何か意味のある「偶然の一致」

を感じた僕は、この森が持っている秘密の力を目の当たりにした。マダム・フォルツァーニの母親が魔法使いの修行をしたというウィーンの森。そこを貫くアウトバーンを走り抜けようとしていた親子の眼前に突如として虹を出現させて、森の奥深くにある教会へと誘う。そして、二人が入り込んでいった、まさにその瞬間に、どこまでも荘厳な修道士達のグレゴリオ聖歌のミサが始まった。一体、全てが偶然ですまされてしまうのだろうか？

ハイリゲンクロイツ、村の名前が意味するところは「キリストの十字架」だった。

如何だろうか？　さすがヒトラーまでをも覚醒させたウィーンの森、確かに神様の存在を強く印象づけて余りある。ウィーン市街の南にあるウィーンの森は実に広大なもので、車で走っていても簡単に道に迷ってしまうほどだ。

静寂の中に浮かぶ方程式

ヨーロッパ大陸でウィーンの森に並び称せられる森にドイツ中央部から南部にかけて広がる「黒い森（シュバルツバルト）」がある。僕は博士の学位を取得してすぐにスイスのジュネーブ大学理論物理学科に奉職することができたのだが、2年目のクリスマス前に北ドイツの工業都市ジーゲンにある工科大学の教授に呼ばれたため、手に入れたばかりのイタリアのスポーツカーを駆ってスイスから西ドイツ（当時）国内に入り、まさに黒い森を南北に突っ切る高速道路アウトバーンを一路ジーゲンへと向かっていた。

そして、まさにその黒い森のど真ん中で奇跡的な体験を経て、理論物理学者としてこの僕の名前が世界的に知られることになる新しい方程式を発見してしまうのだ。その後Yasue方程式とかYasue—Lagrange方程式などと呼ばれることになったその方程式は、量子力学の基礎方程式として知られていたシュレーディンガー方程式を導出することができ、さらには量子力学においても古典力学と同様に

「最小作用の法則」が成り立つことが示されたのである。

そんなまさに神憑り的な発見伝については拙著『脳と刀　精神物理学から見た剣術極意と合気』（海鳴社）にご紹介したとおりだ。ここでその該当部分を引用させていただく。

あれはスイスのジュネーブ大学に職を得て二回目のクリスマス時期のことだ。イタリアの美味い白ワインで有名なフラスカーティにあるイタリア国立原子核研究所の理論物理学者エティム・エティムが北ドイツのジーゲンにある工科大学に1年間客員教授として滞在していて、そこでセミナーの講師として僕を招いてくれた。ジュネーブからだとかなり距離があるので普通なら飛行機か列車で行けばよかったのだが、ちょうど買ったばかりの中古のランチャー・フルビア・クーペの性能を試すいいチャンスだとばかりに、ひとりで乗り込んだ。

その車は、以前にモンテカルロラリーでも優勝したことのある珍しい三人乗りのクーペで、排気量一三〇〇ｃｃのくせに時速二〇〇キロ以上のスピードが出るという高圧縮比のツインカムエンジンが売り物。ところが、スイスの高速道路は最高速度が時速一三〇キロに制限されていたので、せいぜい時速一五〇キロくらいまでしか試せない。それが、速度無制限のドイツのアウトバーンを走れるわけだから、僕としてはルンルン気分でドイツを目指していったのだ。

スイスとドイツの国境を越えてフライブルクを過ぎた辺りに、アウトバーンが平地にどこまでもまっすぐ延びたところがあった。これなら高速運転に不慣れな日本人でも大丈夫だろうと考えた僕は、おそるおそるアクセルを踏み込んでいった。スピードメーターが一六〇キロを超えたあたりからランチャー特有のキーンという甲高いエンジン音が鳴り響くのに加え、もの凄い風切り音と激しい車体の振動音でテンションはどんどんと上がっていく。このままでは空中分解するのではないかという不安を無視するかのように、更にアクセルを強く踏んでいく……。そうして、ついにスピードメーターが一九〇キロ近くになったとき、あの不思議な静寂の瞬間が訪れた。三〇年以上も前のことだが、今でもまるで昨日の出来事だったかのようにありありと思い出すことができる、不思議きわまりない体験の瞬間だ。

あれほど激しいエンジン音や風切り音が鳴り響いていた車内が、一瞬のうちにそれこそ何の音もしない完全な静寂の世界へと変貌してしまったのだ。おまけに、胃袋の中身をひっくり返すかのような凄い振動もピタッと止まってしまい、まるで雲の絨毯の上を滑らかに滑っていくかのように車窓の外の景色だけがゆっくりと穏やかに流れていくのが見えるだけ。ひょっとして時間が停止してしまったのかとさえ思ったのだが、不思議なことに不安感とか怖さというものはまったく感じなかった。むしろ、何か非常に大きな存在に暖かく見守られているという根拠のない確信のようなものがあったために、このまましばらく様子を見てみようという気持にさえなっていたのだ。

そして、時速一九〇キロで突如出現してきたこの完全な静寂の世界の中で、自分の額の裏側としか表現できないところにフッと何か数式のようなものが浮かび上がってきた。

アレッ、これは何だ！

初めてのことで少し戸惑った僕が不思議な印象の中でその数式をしばらく眺めていた次の瞬間、車内は再び激しいエンジン音や風切り音に満たされ、車体も僕の内臓もガタガタ揺さぶられるようになってしまった。もちろん、もうどこを見てもそんな数式は見えないし、そもそもアウトバーンの上を高速で運転しているわけだから、そんな気持のゆとりなどとても持てないのが普通であり、ついさっきまでの完全な静寂と平穏な瞬間が持続するほうが異常なのだ。

しかし、正常な状況に戻ったときの僕は急に心配になってすぐにスピードを落とした。そして思った。今のは、自分の頭がおかしくなっていたのだと。朝からずっと慣れない買ったばかりの車を運転していた。しかも、スイスのフランス語圏を出てからはドイツ語の道案内しか出てこないところを高速で飛ばし続けてきたために、脳みそが疲労困憊してしまったに違いない。だからこそ、あんな変な妄想を見てしまった！

これは、そろそろ限界かもしれない。

そう判断した僕の目に、次の出口が近いことを示す標識が飛び込んできた。

ちょうど時間も夕方近くになっていたため、今日はこのあたりのホテルに泊まって頭を冷やし、明日再びジーゲンへと向かうことにした。幸い、アウトバーンを出てすぐのところに小さな田舎町ヴァインハイムがあり、中心部にあった古びたホテルに車をつけて聞いたところ、運良く空き部屋があるとのこと。階下のレストランで分厚いトンカツを肴に冷えたドイツビールを何杯も飲み干す頃には、緊張しきった脳みそもほどよく解れてくるし、その後部屋に戻って熱いシャワーを後頭部から浴びたときには、アウトバーンでの異常な体験のことなどもう忘れきっていた。

ところが、ところがだ。明日の運転に備えてゆっくり眠るぞと思って大きなベッドに背中から倒れた瞬間、アレッ待てよ……。そういえばあのとき見た数式は……。意外にはっきりと数式の詳細が思い出せた僕は、すぐに起き上がって宿の便せんにその数式を書き出してみた。明らかに何かの方程式なのだが、今までどこでも見たことのない形であるにもかかわらず、何か懐かしい感覚がある……。

これが後にヤスエ方程式と呼ばれる新しい方程式を発見したときの出来事だ。

（中略）

ひとつの重要な方程式を発見したと実感した僕は、興奮して眠れなくなってしまったため、再び服を着て階下のレストランのカウンターに陣取り、その村で造られた白ワインを飲みながら方程式発見の余韻に浸った。思えば、数理物理学者として人生最大の幸せを得ていたのだが、それが可能になったのは僕がコツコツと努力したからでも何でもない。アウトバーンを飛ばしていたあの瞬間に、目に見えない数学的真理の世界に迷い込んでしまった僕の魂が最初に目にした方程式を、何とか現実の世界にまで引き出してくることができたからにすぎないのだ。

これが、僕のささやかな方程式発見の物語であり、詳しくは拙著『量子の道草方程式のある風景・増補版』（日本評論社）をご覧いただければと願う。

鎮守の森で神様を感じよう

以上の2例はどちらもが日本を遠く離れた森での話だったが、では日本国内にある森では神様を感じることはできないのかというと、もちろんそうではない。ちゃんと神様の存在を肌で感じることができる森は、鎮守の森としてどの神社の背後にも広がっているではないか。中には鎮守の森を切り開いてマンションを建てたり、神社そのものを潰して境内だった土地全体を駐車場にして貸し出したりするトンでもない宮司もいるようだが、それでも長野県の諏訪大社や千葉県の香取神宮、さらには石川県の気多大社を取り囲む鎮守の森は禁足地として守られてきたため、見事なまでに御神気をたたえている。

その他にも林野庁が国土の70％を森林として維持するように努力してくれているおかげで、日本全国の鎮守の森は何とか守られてはいるのだが、岡山県北にあるサムハラ神社奥の宮のように全国からの参拝者が増えたために霊的に荒れてしまい、御神気が弱くなってしまった神社も少なくない。サムハラ神社の人気に火をつけることになった張本人としては心苦しいばかりだ。

そんな大失敗に対する反省の意味もあって、ここで最後にご紹介する最も強く神様の存在を感じることができる鎮守の森については、あえてその神社の名称を伏せたままにしておく。それは古くから祀られている海辺の神社で、僕も秘書の娘もその存在はまったく知らなかった。それは、たまたま走っている途中でカーナビが不調になったため、助手席でｉＰａｄのＧｏｏｇｌｅマップを開いて地図や航空写真を眺めていた秘書が何気なく見つけた場所だった。

行ってみると意外にも立派な神社だったのだが、境内をサッと眺めた秘書は「こっちです」と呼びながら本殿の左側から奥に入っていく小径を進んでいく。僕は訳もわからず後を追うのだが、少し歩いていった道端にある小さな白い看板が目にとまった。

そこには、先に見つけた秘書が、

「これって、先生へのメッセージじゃないですか？」

と言って振り向いたのも確かに頷けるほどのことが記されていた。

「科学とは神が創られた宇宙を解き明かすもの」

いやー、いったいどこの神社にこんな素晴らしい真理の言葉が掲げられているのだろうか。

驚きを隠せなかった僕は、無言で立ち尽くしていた。宮司様がよほどの人格者でいらっしゃるからこそ、このような掲示を本殿裏の鎮守の森の入口に置かれたに違いない。これこそが世界中の科学者に知らしめたい真実だ。

森の中をさらに進んでいくと、鳥居ではなく立派な木戸があり、その手前にはさっきよりもずっと大きな看板が掲げられている。見ると、これより先には神様がいらっしゃる、ということを知らせると同時に、それに相応しい心構えで木戸をくぐるよう注意を喚起するように記されている。

他の神社の禁足地でそんな表現の注意書きがあるのを見たことはなかったので、これまたここの宮司様の人格の高さを物語っている証だと思い、大いに頷きながら木戸をくぐる。するとそこには、まさに神界と呼ぶに相応しい、宇宙の生命力を肌で感じることができる静寂な空間が広がっていて、木漏れ日の穏やかな明かりが神様の歓迎の証であるかのように心の奥底まで癒してくれたのだった。

神様の存在を感じ取ることができる空間、それが鎮守の森なのだ。皆様も時々はお近くの神社を訪れ、しばしの間、神が創られたこの宇宙に満たされた愛と調和の中に身を委ねてみてはいかがだろうか。

次は、自分ワールドへ！――あとがきに代えて

さあ、如何でしたでしょうか？　神様を引き寄せる法則は見つかったでしょうか？

もちろん、法則とまではいかなくても、それを理解するためのきっかけのようなものを手にすることはできましたね。どんなに小さなことでも、ピンときたことがあったなら、すぐに日常の中でそれを試してみてください。もし、それによってちょっとしたピンチから脱出することができたなら、それはもう絶対に神様が助けてくださったに違いないのです。

ごく最近のことですが、僕自身も神様を引き寄せる自分なりの法則を見つけることができました。それは

「何も考えないで周囲の流れに身をまかせる」

というものです。ここでの「何も考えない」というのは、どうしたら都合よくなるかとか、どう行動するのがよいのかとか、あれこれ自分の損得や他人による評価につ

いて思いを馳せないということに加えて、先のことを心配もしないしさっきまでのことを振り返ったりもしないということも含みます。そして、この法則のようにしたならば、本当にあり得ないようなことがいとも簡単に実現してしまうということに気づいた、いや、気づかされたのです。

それは、大相撲の数々の大記録を塗り替えた元横綱白鵬の断髪式でのこと。といっても、僕自身は大相撲にはこれまでもほとんど興味はなく、応援したことのある力士といったら貴乃花とその長男の若乃花くらいのものでした。白鵬に到ってはモンゴルからやってきたということ以外には、時々巷の評判を耳にするという程度です。ですから、本来ならば僕がその引退断髪式に出向くことはあり得なかったのです。

では、いったい何故そんなことが実現したのかというと、話は2ヶ月ほど遡ります。幾つかのご縁をつないでいく中で、どういうわけかハリウッドのアクション映画で僕もファンの一人となっている俳優スティーブン・セガール（本来はシーガルとお読みするそうですが日本では何故かセガールとなってしまっているようです）に初めて会えることになりました。次に来日したときにでもという話しだったのですが、僕としてはそんな雲の上の世界的な人気スターに一ファンが直接会えるのは無理だろうと思ってまったく期待せず、従って何も考えないまいつものように周囲に流される生活を送っていたところ、セガールさんが白鵬の断髪式のために来日するので、そのときに会おうということになったのです。そして、数日前になって日本の秘書の方から断髪式当日に両国の国技館正面エントランスに11時に入るように指示されました。

結局、よくはわからないまま指定場所に行ってみると、僕を見つけた着物姿の秘書の女性からチケットを渡され、案内係のスタッフに見せて初めて国技館の内部に入ったのです。通された場所は土俵のすぐ側のいわゆる砂かぶりで、周囲には著名人の顔もチラホラ見えていました。それもそのはず、そこはこれから白鵬の断髪式で順番にハサミを入れる方々が並ぶ待機席だったのです。秘書の方の話しでは、同じ場所にセガールさんも座るとのことだったのですが、羽織袴に身を包んだ巨体が収まる広さはないということで、断髪式の直前に広い勝負審判席に座ることになったとのこと。

そんなわけで、結局のところセガールさんとの初めての「ご対面」は断髪式の後に、場所中には横綱が使う彼の控え室でとなってしまいました。僕にとってはいつどこで会おうがまったく問題ありませんでしたから、セガールさんが場内に入ってくる直前にそう知らされても気にもせず、お忙しい方なので結局は会えずじまいになってしまうのかもしれないなどともまったく心配せず、単にボンヤリと土俵の上で繰り広げられている断髪式とやらを視界に入れていただけだったのです。そう、まったく何も考えず、周囲の状況を唯々客観的に「傍観」していただけ。

でも、そのおかげで、断髪式の直後に僕は二つの御褒美を神様から頂戴することができたのです。ひとつはもちろん、断髪を終えた直後に国技館奥の控え室に戻るタイミングから僕も同行し、流ちょうな大阪弁で語るセガールさんが今現在世界平和のため、また日本が抱える様々な問題を解決するためになさっていることを教えていただけました。

そして、もうひとつはまったくの想定外のことだったのですが、翌日に地上波テレビで放映された白鵬の断髪式の番組等の中で、画面のほぼ中央にどういうわけかこの僕の顔が大きく映し出されていたのです。国歌斉唱の間中など、土俵に立つＧａｃｋｔと白鵬の間にずっと僕の顔があったし、白鵬による最後の土俵入りのときには《・》まるで「背後霊」であるかのように白鵬の首の後ろに僕が見え隠れしていました。そのおかげで、全国で断髪式のテレビ放送やネット放送を見ていた旧知の方々が僕が映っているのに気づいてくださり、久し振りに連絡をいただくことができたというわけ。

これには、もう完全に脱帽しました。え、誰に、ですか？　もちろん、神様にです。そう、何もあれこれ考えずに流れに身をまかせていたなら、きっと神様はあなた自身の「自分ワールド」の中に助け船を出してくださるはずです。

さあ、「自分ワールド」へと最初の一歩を踏み出してみましょう！

神様のウラ話

令和 5 年3月 23 日　初版発行

著　者　　保江邦夫
発行人　　蟹江幹彦
発行所　　株式会社　青林堂
〒 150-0002　東京都渋谷区渋谷 3-7-6
電話　03-5468-7769
装　幀　　アニー
印刷所　　中央精版印刷株式会社

Printed in Japan

ISBN 978-4-7926-0740-1